新課程対応版

高卒認定
ワークブック

地　理

編集・制作：J-出版編集部

J-出版

もくじ

第1章 現代世界の特色

第2章 世界の諸地域の地域性

第3章　世界の諸地域の生活・文化

第1章と第2章では「系統地理」という分野を、第3章では「地誌」という分野を扱っています。前者は、地域ごとではなく、世界の地形や気候、農業、交通、現代社会における問題などをテーマ別にまとめて学習します。後者は、ある地域における地形や気候、経済、社会、文化などを地域別に学びます。系統地理は地誌を学ぶうえでの基礎となりますから、第1章と第2章の内容をじっくりと理解を重視して学習するようにすれば、効率的に学習を進められますよ！

高卒認定試験の概要

高等学校卒業程度認定試験とは？

　高等学校卒業程度認定試験（以下、「高卒認定試験」といいます）は、高等学校を卒業していないなどのために、大学や専門学校などの受験資格がない方に対して、高等学校卒業者と同等以上の学力があるかどうかを認定する試験です。合格者には大学・短大・専門学校などの受験資格が与えられるだけでなく、高等学校卒業者と同等以上の学力がある者として認定され、就職や転職、資格試験などに広く活用することができます。なお、受験資格があるのは、大学入学資格がなく、受験年度末の3月31日までに満16歳以上になる方です（現在、高等学校等に在籍している方も受験可能です）。

試験日

　高卒認定試験は、例年8月と11月の年2回実施されます。第1回試験は8月初旬に、第2回試験は11月初旬に行われています。この場合、受験案内の配布開始は、第1回試験については4月頃、第2回試験については7月頃となっています。

試験科目と合格要件

　高卒認定試験に合格するには、各教科の必修の科目に合格し、合格要件を満たす必要があります。合格に必要な科目数は、「理科」の科目選択のしかたによって8科目あるいは9科目となります。

教　　科	試験科目	科目数	合格要件
国語	国語	1	必修
地理歴史	地理	1	必修
	歴史	1	必修
公民	公共	1	必修
数学	数学	1	必修
理科	科学と人間生活 物理基礎 化学基礎 生物基礎 地学基礎	2 または 3	以下の①、②のいずれかが必修 ① 「科学と人間生活」の1科目および「基礎」を付した科目のうち1科目（合計2科目） ② 「基礎」を付した科目のうち3科目（合計3科目）
外国語	英語	1	必修

※このページの内容は、令和5年度の受験案内を基に作成しています。最新の情報については、受験年度の受験案内または文部科学省のホームページを確認してください。

本書の特長と使い方

　本書は、高卒認定試験合格のために必要な学習内容をまとめた参考書兼問題集です。高卒認定試験の合格ラインは、いずれの試験科目も 40 点程度とされています。本書では、この合格ラインを突破するために、「重要事項」「基礎問題」「レベルアップ問題」というかたちで段階的な学習方式を採用し、効率的に学習内容を身に付けられるようにつくられています。以下の 3 つの項目の説明を読み、また次のページの「**学習のポイント**」にも目を通したうえで学習をはじめてください。

▎重要事項

　高卒認定試験の試験範囲および過去の試験の出題内容と出題傾向に基づいて、合格のために必要とされる学習内容を単元別に整理してまとめています。まずは、ここで基本的な内容を学習（確認・整理・理解・記憶）しましょう。その後は、「基礎問題」や「レベルアップ問題」で問題演習に取り組んだり、のちのちに過去問演習にチャレンジしたりしたあとの復習や疑問の解決に活用してください。

▎基礎問題

　「重要事項」の内容を理解あるいは暗記できているかどうかを確認するための問題です。この「基礎問題」で問われるのは、各単元の学習内容のなかでまず押さえておきたい基本的な内容ですので、できるだけ全問正解をめざしましょう。「基礎問題」の解答は、問題ページの下部に掲載しています。「基礎問題」のなかでわからない問題や間違えてしまった問題があれば、必ず「重要事項」に戻って確認するようにしてください。

▎レベルアップ問題

　「基礎問題」よりも難易度の高い、実戦力を養うための問題です。ここでは高卒認定試験で実際に出題された過去問、過去問を一部改題した問題、あるいは過去問の類似問題を出題しています。また、「重要事項」には載っていない知識の補充を目的とした出題も一部含まれます。「レベルアップ問題」の解答・解説については、問題の最終ページの次のページから掲載しています。

　表記について　〈高認 R. 1-2〉＝ 令和元年度第 2 回試験で出題

　　　　　　　　〈高認 H. 30-1 改〉＝ 平成 30 年度第 1 回試験で出題された問題を改題

学習のポイント

　高卒認定試験の「地理」では、さまざまな種類の地図や地理に関する図や表、写真などから情報を読み取り、それを基にして考えて正解に結びつける力が問われます。この読み取りに際して必要となる力は、「地理に関する知識を浅く広く身につけること」と「資料の読み取りに慣れること」によって養うことができます。それぞれの学習のポイントを記しますので、これにしたがって適切な学習を行い、合格を勝ち取りましょう！

▌読み取りの際に必要な力を養うための学習法

❶ 地理に関する知識を浅く広く身につける！

詳細な知識を暗記しておかなければ解けないような問題はあまり出題されませんので、まずは本書にひととおり目を通して、赤字になっている部分を中心に、読み取りの際に必要な用語を覚えておきましょう。第3章からは世界の諸地域に関する地誌を扱っています。それぞれの国や地域の特徴を知っておくことにより、国や地域に関する資料がぐっと読み取りやすくなりますので、おおまかな特徴を押さえておいてください。

❷ 資料の読み取りに慣れる！

地理に関する知識を用いた読み取り問題に慣れるために、各単元の「レベルアップ問題」を活用しましょう。問題を解いた後には、「解答・解説」を用いながら、資料をどのように読み取ったらよかったのか、あるいはどのような点に着目すればよかったのかなど、問題の正解・不正解よりも解答のプロセスを重視して答え合わせを行ってください。なお、世界地図は試験本番までに見慣れておく必要がありますので、pp. 12-13 の世界地図をコピーして、どこか目に入る場所に貼って何度も見ておくとよいでしょう。

▌「関連用語」と「参考」マークについて

　　　関 連 用 語

　その単元の内容や項目に関連する用語をまとめています。赤字部分だけでなく、この関連用語も併せて覚えるようにしましょう。

　　　参　考

　その単元の内容や項目に関するトピックを補足事項として取り上げています。頻出事項ではありませんので、余裕があれば目を通しておきましょう。

第1章
現代世界の特色

1. 地図

> この単元では、地理学習の基礎となる地図の種類や読み取り方を学習します。「地理」という科目の性質上、地図の読み取り方の修得は必須となります。今後、さまざまな地図が出てきますので、しっかり理解をしてから先に進みましょう。

Hop｜重要事項

 地理学習の前提知識

　高卒認定試験の「地理」は、日本を含む世界の地理について学習します。地球と太陽の関係は世界の気候と密接に関わっており、世界の人々の衣食住や文化を知るうえでとても大切です。まずは私たちが生活する地球と、太陽との関係について確認しておきましょう。

地球に関する基礎事項

- 地球は約1日周期で自転している
  - ➡ 太陽光が当たっているところは昼、太陽光が当たっていないところは夜
- 地球の地軸は約23度26分傾いており、太陽光の当たり方で季節の変化が起こる
- 赤道より北側の半球を北半球、南側の半球を南半球と呼ぶ
  ※オーストラリアは南半球、日本は北半球にある
- 南半球と北半球では季節が逆となる
- 地球1周は約4万キロである

> 右の図では、南半球のほうがより多く太陽の光が当たっているため、南半球が夏、北半球が冬となります。

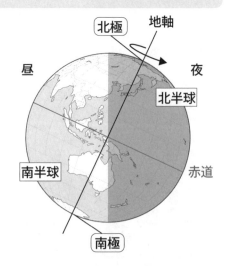

- ◉ 地球は約1年周期で太陽の周りを公転している
- ◉ 太陽との位置関係で太陽光の当たり方が変わる ➡ 季節の変化が生まれる
- ◉ 夏と冬の昼夜の長さは緯度（p. 10 参照）によって異なる。高緯度ほど夏は昼が長く、冬は夜が長い

  ※日本国内でも、夏は沖縄よりも北海道のほうが昼が長い
- ◉ 南極や北極に近い地域では、極夜や白夜の現象が見られる

  ※極夜 ➡ 1日中太陽が昇らない　白夜 ➡ 1日中太陽が沈まない

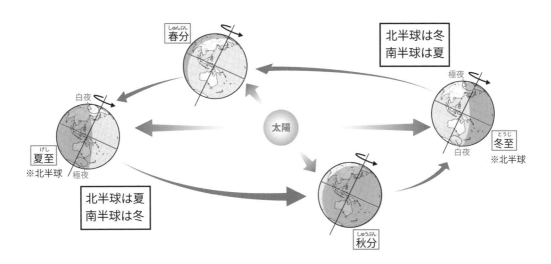

📖 参　考

- ◉ 夏至 …… 1年のうちで日の出から日の入りが最も長い日（北半球では6月22日ごろ）
- ◉ 冬至 …… 1年のうちで日の出から日の入りが最も短い日（北半球では12月22日ごろ）
- ◉ 春分・秋分 …… 1年のうちで昼と夜の長さがほぼ等しくなる日
- ◉ サマータイム …… 夏の日照時間が長いことを有効活用できるように、夏の時期に時計の針を1時間進める制度。主に緯度の高い地域で採用されている

地球儀

　地球儀とは、地球上の距離・方位・面積・形をほぼ正確に表した球体の模型です。地球儀には縦と横の線が引かれており、これらにより地球上の位置が示されます。

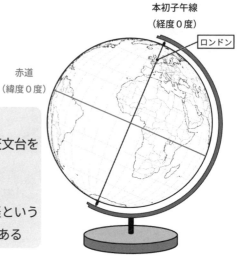

本初子午線
（経度０度）

ロンドン

赤道
（緯度０度）

縦の線 ➡ 経線（経度）

- ⦿ 経線は南極と北極を結んだ縦線
- ⦿ イギリスのロンドンにある旧グリニッジ天文台を通る経線を本初子午線という
- ⦿ 経度０度の経線は本初子午線
- ⦿ ロンドンを基準に東側を東経、西側を西経という
  - ➡ 経線は東経180度、西経180度まである

横の線 ➡ 緯線（緯度）

- ⦿ 緯線は赤道を０度として南北をそれぞれ平行に90度まで分けた横線
- ⦿ 緯度０度の緯線は赤道
  - ➡ 赤道を基準に北側を北緯、南側を南緯という
  - ➡ 北緯・南緯それぞれ90度まである
- ⦿ 赤道に近い（数字が小さい）緯度を低緯度、北極や南極に近い（数字が大きい）緯度を高緯度という

12ページに大きな地図を載せていますので、地図を見ながら緯線や経線を確認して理解を深めておきましょう！

方位

方位とは、ある地点における方向の関係性を示すものです。地図でとくに表記がない場合、通常、上が北となります。方位は南と北を優先するのが習慣で、北と西の間は「北西」、南と東の間は「南東」と呼びます。下図の数字の4のような方位記号の矢印の上にあるNはNorth（北）を意味します。

地球儀を用いた方位の調べ方

地球儀と2本のテープを用いることによって、正確な方位を調べることができます。たとえば、東京から見たロサンゼルスは平面上の地図だと東に位置しているように見えますが、下記の方法で地球儀を用いて方角を調べてみると、北東あたりに位置していることがわかります。地球は球体なので膨らみがあります。膨らみに沿ってテープを配置すると、テープは緯線に沿わないことがわかります。

◉ 調べ方
・右の画像のように、2本の紙テープを直角に交わるように作成し、方位を調べたい箇所にテープの交点を配置する
　※東京から見た方位を調べたい場合は東京の上に交点を合わせる
・縦のテープを南極と北極を結ぶ経線に沿って配置する
　➡ 縦のテープが南北、横のテープが東西方向を指す

🔍 地図を見てみよう！

《位置を確認して覚えておこう！》

◉ 海洋の名前（太平洋・大西洋・インド洋）
◉ 大陸の名前（東アジア・東南アジア・西アジア・ヨーロッパ・アフリカ・北アメリカ・
　南アメリカ・オセアニア）
◉ 国の位置
◉ 赤道（緯度０度）の位置と本初子午線（経度０度）の位置

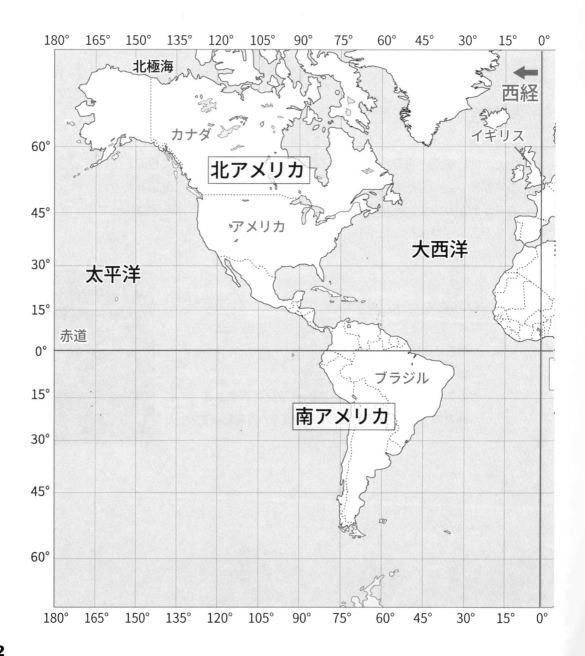

<ruby>対蹠点<rt>たいせきてん</rt></ruby>

　ある地点の地球の真裏を対蹠点といいます。対蹠点は「北緯と南緯が入れ替わった場所」かつ「経度が180度離れている場所」となります。

【例】日本の兵庫県明石市（北緯35度、東経135度）の対蹠点の求め方
・緯度は南北を入れ替える（北緯35度 ➡ 南緯35度）
・経度は180度から経度を引き、東経と西経を入れ替える
（180度−東経135度＝西経45度）
　➡ 日本の兵庫県明石市の対蹠点は南緯35度、西経45度の場所となる

世界の時刻

　それぞれの国は、自国の国土のほぼ中央を通る経線（子午線）の真上を太陽が通過する時刻を正午と定め、これを標準時としています（日本の標準時子午線は兵庫県明石市を通る東経135度）。世界の時刻の標準時（グリニッジ標準時）は、ロンドンの旧グリニッジ天文台を通る本初子午線を基準に定められています。アメリカ・ロシア・オーストラリアなど、東西に広い国のなかには、複数の標準時を定めている国もあります。

世界の等時帯地図

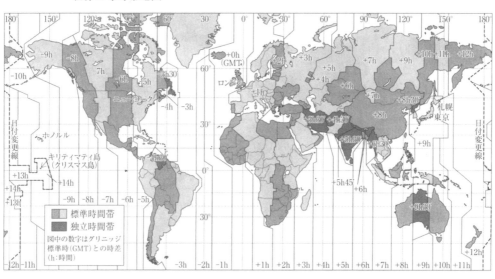

注）サマータイム（デイライト・セービング・タイム）は考慮しない。（2013年現在）

（PHILIP'S NEW WORLD ATLAS などにより作成）

〈高認 H. 30-1 より抜粋〉

時差

　地球は24時間で1周自転をします。地球は球体（360度）なので、「360度 ÷ 24時間 = 15度」となり、経度15度ごとに1時間の時差が発生します。

- ◉ 時差……経度15度ごとに1時間の時差が生じる
- ◉ 日付変更線……経度180度付近にある
  - ➡ 東から西へ超えると日付を1日進める
  - ➡ 西から東へ超えると日付を1日戻す

📖 **参 考** なぜグリニッジ標準時が世界の標準時になったのか

かつては国によって時刻の定め方が異なっていたが、時代を経て国際交流が進んでくると、共通の時刻がないことによる弊害が生じた。そこで、1884年に開かれた国際子午線会議により、グリニッジ天文台を通る子午線が本初子午線とされ、これを基準に各国の標準時が定められた。なお、グリニッジ標準時は、世界時とも呼ばれている

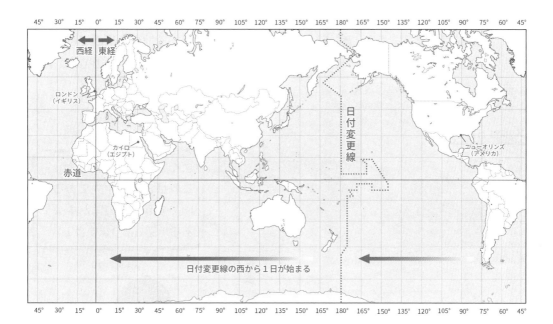

時差を計算してみよう！

【例1】イギリスのロンドン（経度0度）が1月1日午前0時のとき、エジプトのカイロ（東経30度）の時刻は？
- ➡ 経度の差は30度 ➡ 30 ÷ 15 ＝ 2 ➡ 時差は2時間
- ➡ カイロはロンドンより2時間進んでいるため、
  カイロの時刻は1月1日午前2時

【例2】イギリスのロンドン（経度0度）が1月1日午前0時のとき、アメリカのニューオーリンズ（西経90度）の時刻は？
- ➡ 経度の差は90度 ➡ 90 ÷ 15 ＝ 6 ➡ 時差は6時間
- ➡ ニューオーリンズはロンドンより6時間遅れているため、
  ニューオーリンズの時刻は12月31日午後6時

【例3】日本の兵庫県明石市（東経135度）の現地時刻6月22日午後3時から開催されるコンサートの生中継をアメリカのニューオーリンズ（西経90度）で観る場合、何時にテレビをつけたらよいか？
- ➡ 経度の差は225度 ➡ 225 ÷ 15 ＝ 15 ➡ 時差は15時間
- ➡ ニューオーリンズは日本より15時間遅れているため、
  6月22日午前0時にテレビをつければよい

🔍 世界地図

　世界地図にはさまざまな種類があります。地図では球体である地球を平面で表しているため、距離・面積・方位をすべて正確に表現することはできません。ここでは、地図の種類と特徴を覚えていきましょう。

メルカトル図法

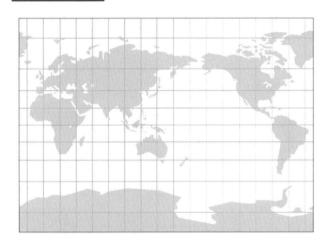

よく見かける地図ですね！これは日本が中央にある地図ですが、別の国が中央にある地図もありますよ！

- ◎ 2点を直線で結んだとき、経線に対する角度が正しい
  　※出発地と目的地との間に線を引いて角度を測り、コンパスを見ながら常にその角度へ進むようにすれば必ず目的地に到着する ➡ 海図や航路用地図として利用
  　この直線は、常に経線と一定の角度で進む等角航路（とうかくこうろ）となる
- ◎ 高緯度ほど面積が拡大される
- ◎ 面積・距離・方位は正しく表せない

メルカトル図法では、等角航路は直線で表されます。メルカトル図法は面積が正しくないため、2点の実際の最短航路（大圏航路（たいけん））は曲線で表されます。次ページの正距方位図法とも比較して見てみましょう！

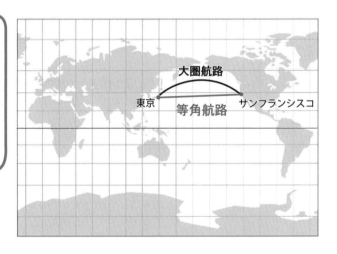

大圏航路

東京　　等角航路　　サンフランシスコ

正距方位図法

　中心からの距離と方位が正しく表現され、地球全体が四角形ではなく真円の形で表される図法です。円周に近づくほど引き伸ばされるため、ひずみが大きくなります。

　右下の地図は東京を中心とした地図なので、東京と任意の場所を直線で結ぶと、最短距離（大圏航路）がわかります。下の東京とロサンゼルスを結ぶ線は、東京からロサンゼルスまでの距離と方位を正しく示しています。

◉ 図の中心からの距離と方位が正しい

◉ 図の中心からの直線が大圏航路
　（最短距離）➡ 航空図に使われる

◉ 円周は図の中心の地点の対蹠点となる
　➡ 図の中心から円周までは2万キロ
　　※地球の直径の半分

◉ 面積は正しく表せない

主な正積図法

　正積とは「面積が正しい」という意味です。地図上で面積のゆがみを極力減らしたいときに使用します。

◉ サンソン図法
　（低緯度でひずみが小さい）

◉ モルワイデ図法
　（高緯度でひずみが小さい）

◉ グード（ホモロサイン）図法
　（サンソン図法とモルワイデ図法を組み合わせ、ひずみを極力小さくした図法）

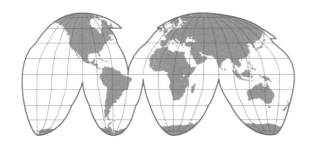

■ 各問の空欄に当てはまる語句をそれぞれ①～③のうちから一つずつ選びなさい。

問1　地球儀や地図に描かれている縦の線を（　　　　）という。
　　　　① 経線　　② 緯線　　③ 子午線

問2　地球儀や地図に描かれている横の線を（　　　　）という。
　　　　① 経線　　② 緯線　　③ 子午線

問3　赤道より北側の半球を（　　　　）と呼ぶ
　　　　① 北半球　　② 南半球　　③ 西半球

問4　地球の地軸の傾きと地球と太陽との位置関係により、北半球が夏のときには南半球は（　　　　）となる。
　　　　① 冬　　② 秋　　③ 春

問5　世界の時刻の基準となる経度0度の経線が通る場所は（　　　　）である。
　　　　① ワシントンD.C.　　② ロンドン　　③ 東京

問6　時差は経度（　　　　）ごとに1時間のずれが発生する。
　　　　① 45度　　② 30度　　③ 15度

問7　緯度0度の赤道に近い緯度は（　　　　）と呼ばれる。
　　　　① 高緯度　　② 低緯度　　③ 中緯度

問8　冬至のとき、北半球の高緯度の地域では（　　　　）という現象が見られる。
　　　　① 白夜　　② 極夜　　③ 半夜

🔍 解　答

問1：①　問2：②　問3：①　問4：①　問5：②　問6：③　問7：②　問8：②

問9　右のような世界地図は（　　　　　）で描かれている。

① メルカトル図法

② グード（ホモロサイン）図法

③ 正距方位図法

問10　右のような世界地図は（　　　　　）で描かれている。

① メルカトル図法

② グード（ホモロサイン）図法

③ 正距方位図法

 解　答

問9：①　問10：③

■ 次の問いを読み、問1〜5に答えよ。

問1　ヤヨイさんは、地球儀や地図に興味をもち、資料1〜資料3を得た。これらの資料を読み取った文として最も適切なものを、あとの①〜④のうちから一つ選べ。〈高認 H. 29-1〉

資料1　地球儀

注）経緯線は30度間隔である。

資料2　メルカトル図法で描かれた世界地図

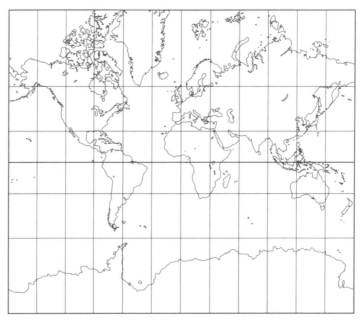

注）経緯線は30度間隔である。

（http://manapedia.jp/text/330などにより作成）

資料3　北極点を中心とした正距方位図法で描かれた世界地図

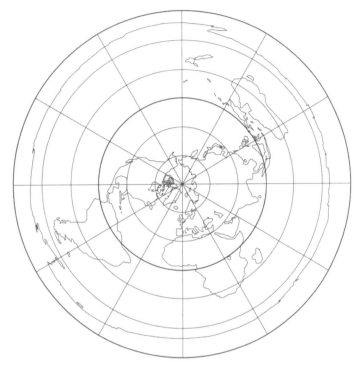

注）経緯線は 30 度間隔である。

（http://manapedia.jp/text/330 などにより作成）

① 赤道と北緯 60 度を示す緯線の長さを比較すると、資料１上では北緯 60 度を示す緯線の方が赤道よりも短いが、資料２上では同じ長さである。

② 資料２と資料３の、いずれの地図においても、実際の大陸の形が正しく表されていることが分かる。

③ 資料２と資料３の、いずれの地図においても、オーストラリア大陸の面積が正しく表されていることが分かる。

④ 資料３は、資料２の地球儀を北極点の真上から見た姿を表している。

問2　資料4と資料5から読み取れることとして**不適切なもの**を、あとの①～④のうちから一つ選べ。〈高認 H. 30-1 改〉

資料4　世界の等時帯地図

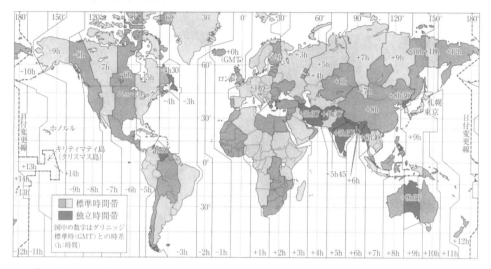

注）サマータイム（デイライト・セービング・タイム）は考慮しない。（2013年現在）

(PHILIP'S NEW WORLD ATLAS などにより作成)

資料5　札幌市の時計台

① オーストラリアやブラジルのような国では、複数の標準時を採用している。

② クリスマスを迎えるのは、ホノルルよりもキリティマティ島の方が早い。

③ 日本とニューヨークの時差は資料4で、日本が＋9h、ニューヨークは－5hの等時帯に含まれているので、4時間の時差があることが分かる。

④ 資料4を使うと、資料5の日中に撮られた札幌市の時計台が示す時刻に、ロンドンの現地の時刻は、午前1時20分になる。

問3　兵庫県（東経135度）とニューヨーク（西経75度）の時差として適切なものを、次の①〜③のうちから一つ選べ。

　　　①　14時間　　②　10時間　　③　4時間

問4　東京の現地時刻7月22日午後8時にトルコ行きの飛行機に乗ったところ、トルコの現地時刻7月23日午前2時半にトルコのイスタンブール空港に到着した。東京からトルコまでの飛行時間として正しいものを、次の①〜③のうちから一つ選べ。なお、東京とトルコの時差は6時間である。

　　　①　6時間半　　②　10時間半　　③　12時間半

問5　地図に関する記述として適切なものを、次の①〜③のうちから一つ選べ。
　　　①　グード図法はサンソン図法とメルカトル図法を組み合わせたものである。
　　　②　メルカトル図法では、高緯度ほど距離や面積が正確になる。
　　　③　正距方位図法では、図の中心点から任意の地点を結んだ直線が最短距離を表す。

🔑 解答・解説

問１：①

　地球の立体模型である地球儀は面積、距離、方位、形などを正しく表すことができますが、平面である地図は、そのどれかを犠牲にしなければ作成できません。資料１の地球儀を見ると、緯線は赤道上よりも高緯度のほうが短くなっています。一方、資料２のメルカトル図法を見ると、緯線は赤道上も高緯度も同じ長さで描かれています。よって、①は正しいです。なお、メルカトル図法は、高緯度になればなるほど面積や距離が拡大されるという特徴をもちますが、これはメルカトル図法が緯線と経線が並行になるように描かれているからです。②と③について、正距方位図法は、地図の中心からの距離と方位を正しく描いていますが、面積と形は正しくなくなります。また、メルカトル図法も正距方位図法も、大陸の形を正しく表すことはできません。よって、②と③は誤りです。④について、資料３の地図上にはすべての大陸が描かれていますので、資料３は地球儀を真上から見たものではありません。よって、④は誤りです。

問２：③

　不適切なものを選びます。①について、資料４の地図上でオーストラリアやブラジルは、ロシアやアメリカ合衆国と同じように、薄いグレーの部分と濃いグレーの部分があります。これは複数の標準時を採用していることを意味していますので、①は正しいです。②について、日付変更線を超えたところから日付が変わるので、日付変更線の左（西）側が一番早くクリスマスを迎え、日付変更線の右（東）側が最後にクリスマスを迎えます。キリティマティ島は日付変更線の左側、ホノルルは右側にありますから、キリティマティ島のほうが早くクリスマスを迎えます。よって、②も正しいです。③について、資料４の等時帯地図に見られる＋9hや−5hなどの数字は、グリニッジ標準時との時差です。つまり、本初子午線が通るロンドンと比較した時差となります。日本は＋9hであるためロンドンより９時間進んでおり、ニューヨークは−5hであるためロンドンより５時間遅れていることがわかります。日本とニューヨークの時差は、ロンドンに対する時差を足せば求めることができます（９時間＋５時間＝14時間）。よって、③が誤りです。④について、札幌の時計台は午前10時20分を示しています。資料４を見ると、ロンドンに対する日本の時差は＋９時間とあることから、日本のほうがロンドンより９時間進んでいることがわかります。ロンドンの時刻は９時間戻した午前１時20分となりますので、④も正しいです。

問3：①

　地球上では、経度 15 度ごとに 1 時間の時差が生まれます。2 つの地点の時差は、経度差を求めたうえで、経度差÷ 15 で求めることができます。本問では兵庫県（東経135 度）とニューヨーク（西経 75 度）の時差を求めます。経度が東と西をまたぐ場合は、東と西の経度を足すと、2 つの地点の経度差となります。よって、東経 135 度＋西経75 度＝ 210 度、210 度÷ 15 ＝ 14 時間となり、時差は 14 時間であることがわかります。

問4：③

　本問のように複数の標準時が出てくる場合は、時刻を判断する基準とする国を決めて考えてみましょう（本問では日本の時刻を基準として考えていきます）。東京を 7 月22 日午後 8 時に出発し、トルコに到着したのがトルコの時間で 7 月 23 日午前 2 時半です。設問文に記載されているように、東京とトルコの時差は 6 時間です。7 月 23 日午前 2 時半の日本時間を求めると 7 月 23 日午前 8 時半となります（日本はトルコよりも時刻が進んでいる国です）。東京の時刻を基準に考えると、飛行時間は 7 月 22 日午後 8 時〜 7 月 23 日午前 8 時半となりますので、飛行時間は 12 時間半となります。

問5：③

　グード図法はサンソン図法とモルワイデ図法を組み合わせたものです。よって、①は誤りです。メルカトル図法では、高緯度ほど距離や面積が拡大されます。よって、②は誤りです。したがって、正解は③となります。

2. 宗教・交通・結びつく世界

宗教は人々の生活習慣や文化に大きな影響を与えています。試験では、宗教に関する知識がたびたび問われていますので、必ず確認しておきましょう。また、さまざまな国や地域の結びつきと、主な交通と通信の特徴について理解を深めていきましょう。

Hop｜重要事項

 世界三大宗教

　仏教・キリスト教・イスラム教は、多くの民族で信仰されている宗教であり、これを世界三大宗教と呼びます。世界ではさまざまな宗教が信仰されていますが、おおよその宗教分布を地図で確認しておきましょう。

世界の主な宗教分布

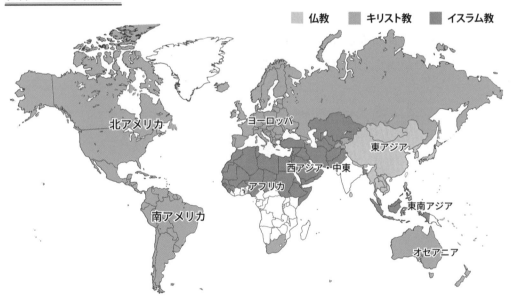

仏教　　キリスト教　　イスラム教

　世界宗教の分布をおおまかに見ると、中国の近隣国に仏教信者が多く、中東や北アフリカにイスラム教信者が多いことがわかります。その他の地域はキリスト教信者が多くなっていますが、自然崇拝や民族宗教が信仰されている地域もあります。

宗教	経典	教えの内容・特徴
仏教	仏典	悟りを開いて仏となり、この世の苦悩からの解脱をめざす ➡ 中国やその近隣国のミャンマー、タイ、日本などに信者が多い ➡ 修行僧は頭を剃り、袈裟を着て、生活に必要な最低限の食べ物を乞う托鉢という修行をする
キリスト教	旧約聖書 新約聖書	神の無償の愛（アガペー）に応えて隣人愛（隣人を自分のように愛すること）に努める ➡ 教会にお祈りに行く ➡ クリスマスや復活祭のお祝いをする
イスラム教	コーラン （クルアーン）	唯一神アッラーに絶対的に帰依し、教えに基づいて正しい生活を送る ➡ 1日5回、メッカの方向に向かって礼拝 ➡ 豚食や飲酒の禁止、ラマダーン月の断食 ➡ 女性は髪を隠したり、全身を服で覆ったりしている ➡ 中東・中央アジア・北アフリカ・東南アジアに信者多い

民族宗教

特定の民族の間で信仰されている宗教を民族宗教と呼びます。

- ● ユダヤ教 …… ユダヤ人により信仰されている宗教
- ● ヒンドゥー教 …… 主にインドで信仰されている。多神教で、身分制度であるカースト制度や輪廻転生の考えをもつ
- ● 儒教 …… 中国の孔子・孟子などの思想で、仁や礼を重視する
- ● 神道 …… 日本の宗教。自然や自然現象などに宿る八百万の神を信仰する

宗教の教えや守るべき規範によって、世界の人々の生活にその特徴を見ることができます。たとえば、イスラム教信者が多い国では豚の飼育頭数が少なくなっています。また、牛を大切にするインドでは牛の飼育頭数は多いですが、料理に使われることはありません。

交通と私たちの生活

　人々の移動は徒歩からはじまり、歴史の流れとともにさまざまな交通手段が発明されていきました。交通手段の発明あるいは発達とともに人々の行動範囲は広がり、世界の国々の各地点間の時間的な距離（時間距離）は大きく縮まりました。現在、人やモノの輸送は、目的に応じてさまざまな手段が利用されています。

> 15世紀からはじまった大航海時代には、海の向こうの外国へ行く手段は船しかありませんでした。今は飛行機があるので、船よりも短時間で外国に行けますね！　交通は、旅行などの余暇だけでなく仕事でも大きな役割を担っています。それぞれの特徴を見ていきましょう。

航空交通

　航空機などを利用した航空交通は、短時間で長距離の移動が可能です。人々の移動だけでなく貨物輸送にも活用されており、軽量かつ高価なもの(半導体や精密機器)や、鮮度が重要な肉や野菜などの生鮮食料品の輸送が有利となります。また、IC（集積回路）工場はスムーズに貨物を運べるように空港の近くに立地する傾向があります。

関連用語

- ハブ空港 …… 航空交通の拠点となる空港。ハブ空港は多地域間の空港の発着便が集中しており、航空機の乗り換えをする空港としても重要な空港である
- LCC（格安航空会社）…… 大手航空会社よりも安価に利用できる航空会社。より多くの人が航空交通を利用できるようになった

水上交通

　古くから利用されてきた交通手段であり、海だけでなく川や水路を利用した移動も行われています。移動速度は早くありませんが、燃料など重い物や大きい物を低運賃で運ぶことができます。また、重化学工業の工場は、沿岸部に立地する傾向があります。

鉄道交通

　通勤や通学、旅行など人々の中・長距離輸送だけでなく、貨物輸送も行います。

自動車交通

　短・中距離の移動を担っており、小回りがきくことから、戸口輸送など細やかな配送も可能です。高速道路の拡充もあり、多くの人の移動や物流を支えています。

関連用語

- ◉ インターチェンジ …… 一般道路と高速道路を接続する出入口
- ◉ モータリゼーション …… 自動車が広く普及し、さまざまな場面で自動車への依存が高まること

通信

　情報の伝達は、口頭による伝達にはじまり手紙や本、電話など、さまざまな手段で行われてきました。近年は通信技術の発達により、情報伝達時間が大幅に短縮されています。現代の高度情報社会を支えている情報技術を確認していきましょう。

- ◉ 電波通信 …… 通信衛星を利用して、電話やデータ送信などさまざまな用途に利用されている（1960年代〜）
- ◉ 海底ケーブル …… 同軸ケーブルの開発により、電話回線で世界が結ばれるようになった。また、1980年代に光ケーブルが誕生し、大量の情報を安定して送ることができるようになった（コンピュータ通信やインターネットの普及に役立っている）
- ◉ インターネット …… パソコンの普及とともに利用者が急増。従来のマスメディアと違い、情報の受信だけでなく発信も可能となった（ホームページやSNSなど）
- ◉ 携帯電話・スマートフォン …… 通信事業の自由化とともに爆発的に普及し、多くの人に利用されている

情報通信技術の発達は、情報通信の利便性やスピードを大幅に上げることに役立ちました。その一方で、コンピュータウイルスやインターネットを利用した詐欺やサイバー犯罪、個人情報の漏洩などの課題もあり、問題となっています。

💡 諸地域の結びつきの変化

　世界は交通や通信により結びついており、さまざまな交流や協力が行われています。地理的に近い国々は、経済的・政治的な協力を目的とするグループを形成しています。

ヨーロッパ連合（EU）

　前身はヨーロッパ共同体（EC）。ヨーロッパの統合を進めるため 1993 年に発足しました。加盟国は 27 か国（2023 年現在）。共通通貨ユーロがありますが、導入していない国もあります。

※ヨーロッパ主要国で EU に加盟していない国はイギリス・スイス・ノルウェー。

米国・メキシコ・カナダ協定（USMCA）

　アメリカ・メキシコ・カナダ 3 か国で広域経済圏を形成しています。

南米南部共同市場（MERCOSUR）

　アルゼンチン・ブラジル・パラグアイ・ウルグアイ・ベネズエラ・ボリビアの 6 か国で形成されています（2023 年現在）。EU 型の自由貿易市場をめざしています。

東南アジア諸国連合（ASEAN）

　インドネシア・マレーシア・フィリピン・シンガポール・タイにより結成され、東南アジア諸国の経済・社会・政治・安全保障・文化での地域協力を行っています。

アジア太平洋経済協力会議（APEC）

　東南アジア諸国をはじめ環太平洋地域の日本・韓国・中国・ロシア・アメリカ・オーストラリアなど 21 か国・地域が参加する広域経済圏です。

> 📖 **参　考**
> ◉ BRICS …… ブラジル（Brazil）・ロシア（Russia）・インド（India）・中国（China）・南アフリカ共和国（South Africa）それぞれの英語の頭文字をとってつくられた語で、これらの経済成長が著しい新興国 5 か国を指す
> ◉ 石油輸出国機構（OPEC）…… 1960 年にイラン・イラク・クウェート・サウジアラビア・ベネズエラにより設立。現在の加盟国は 13 か国となっている（2023 年現在）。産油国の資源と権利を守っている
> ◉ 北大西洋条約機構（NATO）…… アメリカ合衆国を中心とした欧米諸国によって形成された軍事同盟。第二次世界大戦後、共産主義のソビエト連邦を中心とする東欧諸国との冷戦が激しさを増すなかで、1949 年に成立した
> ※冷戦終結後は、域外地域における紛争予防および危機管理などに重点を移した

 Step | 基礎問題

(　)問中(　)問正解

■ 各問の空欄に当てはまる語句をそれぞれ①〜③のうちから一つずつ選びなさい。

問1　　主に中国やその近隣の国々で信仰されている宗教は（　　　　）である。
　　　　　　① 仏教　　② キリスト教　　③ イスラム教

問2　　飲酒や豚食を禁止する宗教は（　　　　）である。
　　　　　　① 仏教　　② キリスト教　　③ イスラム教

問3　　イスラム教ではラマダーン月に（　　　　）が行われる。
　　　　　　① 復活祭　　② 断食　　③ 花まつり

問4　　重量のあるものや大きな荷物を運ぶ際に有利となる輸送手段は（　　　　）である。
　　　　　　① 航空交通　　② 水上交通　　③ 自動車交通

問5　　高価で軽い半導体や精密機器、生鮮食品などを運ぶ際に有利となる輸送手段は（　　　　）である。
　　　　　　① 航空交通　　② 水上交通　　③ 自動車交通

問6　　航空交通の拠点として多地域間の空港の発着便が集中し、航空機の乗り換えに利用される空港は（　　　　）である
　　　　　　① 地方管理空港　　② 国際空港　　③ ハブ空港

問7　　自動車での輸送が主となる商品を扱う企業の工場は（　　　　）の近くに建てられる傾向がある。
　　　　　　① 高速道路　　② 沿岸部　　③ 空港

 解 答
問1：①　問2：③　問3：②　問4：②　問5：①　問6：③　問7：①

問8　インターネットの普及にともなって、（　　　　　）が社会問題になった。
　　　　① 公害　　② 汚職　　③ サイバー犯罪

問9　東南アジアをはじめ、環太平洋地域の国が参加しているのは（　　　　　）である。
　　　　① ヨーロッパ連合（ EU ）　　② アジア太平洋経済協力会議（ APEC ）
　　　　③ 東南アジア諸国連合（ ASEAN ）

問10　インドに信者が多いヒンドゥー教において神聖視されている動物は（　　　　　）である。
　　　　① 豚　　② 羊　　③ 牛

🔍**解　答**
問8：③　問9：②　問10：③

Jump｜レベルアップ問題

（　）問中（　）問正解

■ 次の問いを読み、問1〜3に答えよ。

問1　ワカナさんは世界の航空交通について興味を持ち、資料1〜資料3を作成した。これらの資料に関して、ワカナさんたちの会話文中の空欄 X 、 Y に当てはまる語句の組合せとして最も適切なものを、あとの①〜④のうちから一つ選べ。〈高認 H. 28-1〉

資料1　主な都市における空港の国内線, 国際線の利用者割合（2011年）

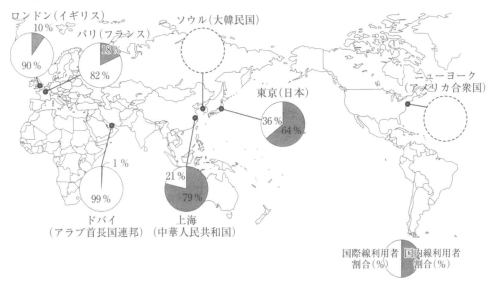

注）一つの都市域に複数の空港がある場合は, その利用者数を合計している。
　　（例：東京は, 東京国際空港（羽田空港）と成田国際空港の利用者数を合計している。）

資料2　ソウル, ニューヨークのいずれかの利用者割合

（国土交通省「今後の首都圏空港のあり方について」により作成）

資料3　ドバイ国際空港（アラブ首長国連邦）の主な航空路線図（2013年）

注）時間はドバイ時間。

（http://toyokeizai.net/articles/ により作成）

ワカナ：まず、資料1を完成させよう。国によって、利用者割合に特徴があるわね。

タカシ：あれ、資料1のソウルとニューヨークに貼り付ける円グラフは、資料2のA、Bのどちらだったかな。

ユウコ：国の特徴を考えると、ニューヨークが　X　だよね。

タカシ：なるほど。ありがとう。

ワカナ：資料3を見ると、ドバイ国際空港にはたくさんの航空路線があるわ。なぜ、このようにたくさんの路線があるのかしら。

ワカナ：調べてみると、ハブ空港という多くの人が　Y　空港のようね。資料3からもそれが伺えるわ。

タカシ：なるほど、そのようだね。

	X	Y
①	A	観光や保養のために訪れる
②	A	乗り継ぎに利用している
③	B	観光や保養のために訪れる
④	B	乗り継ぎに利用している

問2　ヨウイチさんは、世界の人々の通信手段の変化に興味をもち、資料4と資料5を得た。これらの資料から読み取った文として最も適切なものを、あとの①〜④のうちから一つ選べ。〈高認 H. 29-1〉

資料4

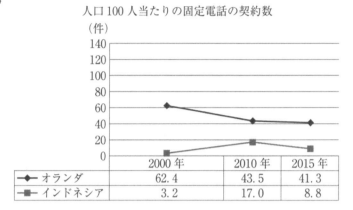

人口100人当たりの固定電話の契約数
（件）

	2000年	2010年	2015年
オランダ	62.4	43.5	41.3
インドネシア	3.2	17.0	8.8

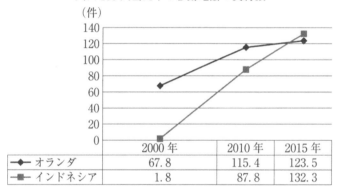

人口100人当たりの移動電話の契約数
（件）

	2000年	2010年	2015年
オランダ	67.8	115.4	123.5
インドネシア	1.8	87.8	132.3

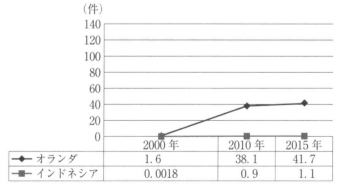

人口100人当たりの固定ブロードバンドの契約数
（件）

	2000年	2010年	2015年
オランダ	1.6	38.1	41.7
インドネシア	0.0018	0.9	1.1

注）・固定ブロードバンドとは，自宅や職場などでのパソコンにつなぐインターネット回線を示す。
　　・移動電話には，スマートフォンなどの，インターネットが利用できる機能をもつものを含む。
（ITU ホームページにより作成）

資料5　オランダ，インドネシアにおけるインターネット利用等について（2015年）

	インターネットの利用者率	各国の総人口（万人）
オランダ	93.1 %	1,698
インドネシア	22.0 %	26,058

(ITU Web サイトなどにより作成)

① 資料4から、インドネシアにおける人口100人当たりの固定電話の契約数は、2000年から2015年にかけて一貫して増加している。

② 資料4から、インドネシアでは2010年時点ですでに固定電話よりも移動電話の普及が進み、2015年には人口100人当たりの移動電話の契約数はオランダを上回っている。

③ 資料5から、オランダとインドネシアを比べると、2015年のインターネットの利用者率はオランダの方が高く、利用者数もオランダの方が多い。

④ 資料4と資料5から、2015年のオランダにおけるインターネットの利用者の過半数が、固定ブロードバンドの契約を行っていることが分かる。

問3　ヨウイチさんは、世界の肉料理に興味をもち、資料6～資料8を得た。資料7は、資料6中のドイツ、トルコ、ブラジルで見られる代表的な肉料理である。資料8中のA～Cと国名の組合せとして最も適切なものを、あとの①～④のうちから一つ選べ。〈高認 H. 29-1〉

資料6

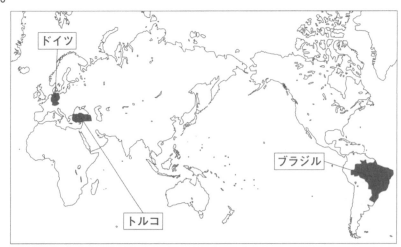

資料7

ドイツのアイスバイン

トルコのケバブ

ブラジルのシュラスコ

（http://www.royalroad.jp などによる）

豚の足の骨付肉を塩漬けにして，野菜などと一緒に煮込む料理。マスタードをつけて食べるのが一般的である。	肉を串焼きにしたり，回転させて焼いたものを削ぎ切りしたりする料理。トルコなどのムスリムの多い国では，羊の肉を使うことが多い。	鉄串に牛肉などを刺し，岩塩を振って炭火で焼く料理。みじん切りにした野菜，塩，酢，油を混ぜたソースにつけることもある。

資料8　ドイツ，トルコ，ブラジルのいずれかにおける，それぞれの牛の飼育頭数の値を100としたときの豚と羊の飼育頭数の指数

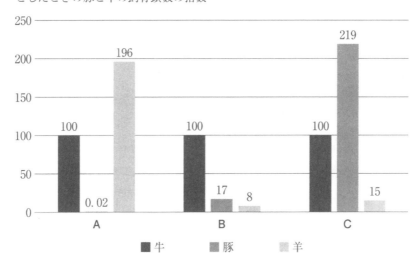

注）・統計年次は2013年。
　　・指数は，1未満のものを小数点第2位，1以上のものを小数点以下を切り捨てで示した。
（FAO STAT ホームページにより作成）

	A	B	C
①	ドイツ	トルコ	ブラジル
②	トルコ	ブラジル	ドイツ
③	トルコ	ドイツ	ブラジル
④	ブラジル	ドイツ	トルコ

解答・解説

問1：②

　アメリカ合衆国は国土の面積が広いため、国際線利用者よりも国内線利用者のほうが多くなります。よって、空欄Xには「A」が当てはまります。また、ハブ空港とは、航空路線ネットワークの中心として機能し、航空機の乗り継ぎの拠点となる空港のことです。よって、空欄Yには「乗り継ぎに利用している」が当てはまります。したがって、正解は②となります。

問2：②

　①について、インドネシアの固定電話の契約数は、2010年には増加していますが、2015年には減少しており、一貫して増加してはいませんから誤りです。②について、2010年のインドネシアの100人当たりの移動電話の契約数は87.8であり、100人当たりの固定電話の契約数は17.0であることから、固定電話より移動電話の普及が進んでいることがわかります。また、2015年の人口100人当たりの移動電話の契約数は、インドネシアは132.3で、オランダの123.5を上回っています。よって、②は正しいです。③について、インターネットの利用者率はオランダのほうがずっと高いですが、インドネシアのほうが総人口がずっと多いです。そのため、利用者率と総人口から利用者数を計算すると、利用者数はオランダは約1,580万人、インドネシアは約5,730万人であり、インドネシアのほうが多いことがわかります。よって、③は誤りです。④について、2015年のオランダにおける人口100人当たりの固定ブロードバンドの契約数は41.7とありますから、これをオランダの41.7％の人が固定ブロードバンド契約を行っていると考えます。次に、この割合と総人口から、オランダにおける固定ブロードバンド契約数を計算します。これを計算すると約700万件となりますが、先述したようにオランダのインターネット利用者数は約1,580万人ですから、契約数は利用者数の過半数を割っていることがわかります。よって、④は誤りです。

問3：②

　資料7の「トルコのケバブ」の説明を見ると、「トルコなどのムスリムの多い国では、羊の肉を使うことが多い」とあります。A〜Cの国のなかで羊の飼育頭数の指数が最も高いのはAの国であることから、Aの国は「トルコ」であることがわかります。また、資料7の「ドイツのアイスバイン」の説明を見ると、「豚の足の骨付肉を塩漬けにして」とあります。3つの国のなかで豚の飼育頭数の指数が最も高いのはCの国であることから、Cの国は「ドイツ」であることがわかります。同様に、資料7の「ブラジルのシュラスコ」の説明を見ると、「鉄串に牛肉などを刺し」とあります。牛の飼育頭数の指数が最も高くなっているのはBの国であることから、Bの国は「ブラジル」であることがわかります。したがって、正解は②となります。

3. 地形図・統計地図

地形図の読み取りは頻出の分野です。地図記号や等高線の読み取り方を学んだうえで、地形図をじっくり見てみましょう。地形図を見ることによって、実際に現地に行かなくてもさまざまな情報を読み取ることができます。ぜひ楽しみながら見てみてください。

Hop │ 重要事項

🔎 地形図

　地形図とは、等高線や地図記号などを用いて、地形や山、河川、道路、鉄道、土地利用、集落、建物の分布など地表の様子を精細に表現した地図のことです。1万分の1、2万5千分の1、5万分の1などの縮尺の地形図があり、国土交通省国土地理院が作成と発行を行っています。

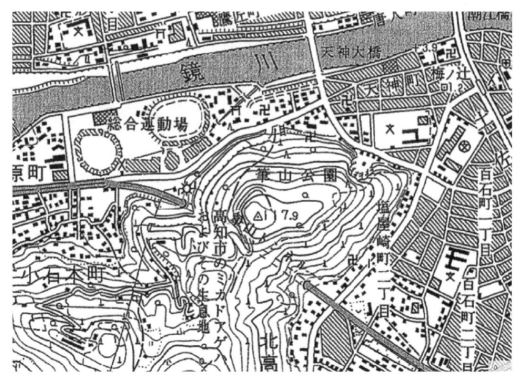

出典：国土地理院発行2万5千分1地形図「高知県」平成15年発行

主な地形図の記号

　地図記号とは地形図で使用される記号です。それぞれの地図記号が何を示すのかがわかれば、地形図を見るだけで、どこに何があるのかを知ることができます。下に代表的な地図記号を載せていますので、各記号が何を示すのかをわかるようにしておきましょう。

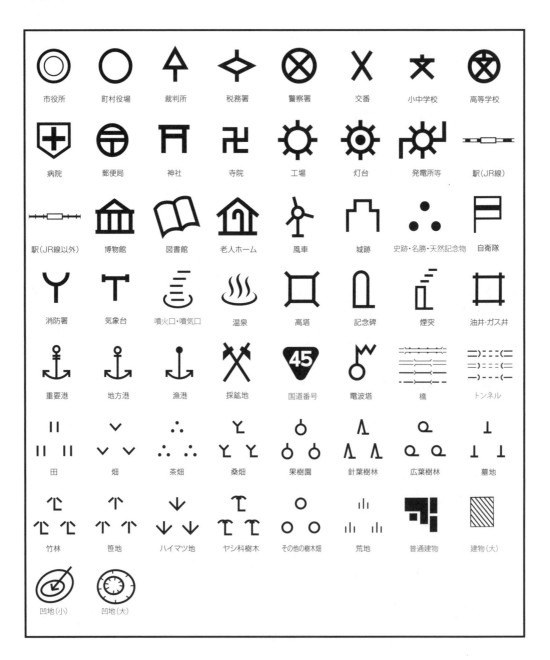

等高線

　等高線とは、地図上で同じ高さの地点を結んだ線です。等高線の間隔が狭ければ急傾斜であることを示し、間隔が広ければゆるやかな傾斜であることを示します。

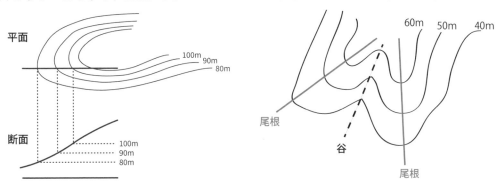

もし等高線の線に沿って歩いたら、高さが同じ場所を歩いていることになりますね！　等高線は勾配(こうばい)を見ることができるので、山登りをするときにも活用できますよ。たとえば、ゆるやかな斜面のルートを歩きたければ、等高線の間隔が広い箇所を探せばいいですね！

地形図を読み取ってみよう！

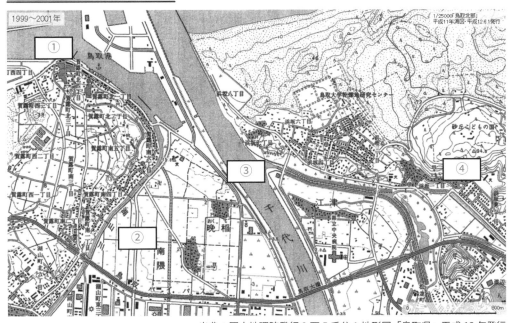

出典：国土地理院発行2万5千分1地形図「鳥取県」平成12年発行

① 鳥取港がある ➡ 海がある　② 湖山川の西には住宅、東には田が広がっている

③ 千代川は北（海がある方角）に向かって流れている

④ 砂浜こどもの国は山（丘）になっており、頂上は 94.8m である

🖋 統計地図

　統計地図とは、人口・生産量・降水量などのさまざまな数値をわかりやすいように加工して表現した地図です。統計地図はそれぞれ表現できることが異なりますので、どのような数値を表したいかによって、適切な地図を選択する必要があります。

統計地図の活用

> ① 階級区分図 ➡ 数値を階級ごとに区分し、色を塗り分けて表現した地図
> 　　　　　　　　（実際の数値や詳細な分布は表現できない）
> ② 図形表現図 ➡ 数値を図形の大きさで表現した地図
> ③ 流線図 ➡ 人や物の移動方向や量などを流線とその太さで表現した地図
> ④ ドットマップ ➡ 分布を点（ドット）で表現した地図
> ⑤ 等値線図 ➡ 気温などが同じ数値の地点を線で結んで表現した地図
> 〈①～④の図は高認 R. 2-1、⑤の図は高認 R. 1-1 より抜粋〉

【例】 A高校に通う生徒の出身中学校に関する統計地図（図①～④）

① 階級区分図	② 図形表現図	③ 流線図
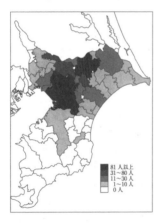	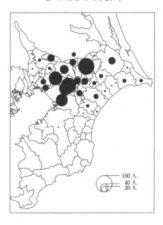	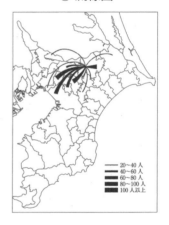
それぞれの地域の中学校からA高校に入学した生徒の人数を、区分ごとに色の濃淡で表している（絶対値や地域内の分布はわからない）。	それぞれの地域の中学校からA高校に入学した生徒の人数を、円の大きさで表している（図の下部に、円の大きさが示す人数が記されている。この基準となる円の大きさよりも大きければその人数よりも多いことを、小さければその人数よりも少ないことを示す）。	出身中学校がある地域からA高校に通っている生徒の移動方向と人数を、流線とその太さで表している（流線が集まっている中心がA高校の位置する場所であることがわかる）。

④ ドットマップ

⑤ 等値線図

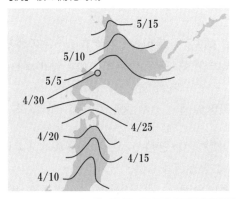

【例】桜の開花時期

A高校に通う生徒の出身中学校の分布を、点（ドット）で表している（このドットマップにおいては、出身中学校の所在地や校数もわかる）。

同じ日に桜が咲いた地点を線で結んで表している（4/10 の線上の地域は、4/10 に桜が咲いたことがわかる。4/10 と 4/15 の線の間の地域は、4/10 〜 4/15 の間に桜が咲いたと考えられる）。

関連用語

◉ GNSS …… 全球測位衛星システム。人工衛星からの電波を受信することにより位置を測定することができ、この技術はカーナビや携帯電話などにも利用されている。アメリカが整備した GPS が有名

◉ GIS …… 地理情報システム。さまざまな地理情報をコンピュータに蓄積し、目的に応じて情報を取り出したり、地図化できたりする一連の仕組み

Step｜基礎問題

■ 各問の空欄に当てはまる語句をそれぞれ①～③のうちから一つずつ選びなさい。

問1　コンビニエンスストアの実際の数と分布がわかるような地図を作成する際には、（　　　　　）を作成することが好ましい。
　　　① 階級区分図　　② 図形表現図　　③ ドットマップ

問2　人や物の流れがひと目でわかるような地図を作成する際には、（　　　　　）を作成することが好ましい。
　　　① 階級区分図　　② 流線図　　③ 図形表現図

問3　地形図を作成・発行しているのは（　　　　　）である。
　　　① 国土地理院　　② 国土政策局　　③ 国土交通大学校

問4　◎は（　　　　　）を表す。
　　　① 交番　　② 市役所　　③ 学校

問5　,"," は（　　　　　）を表す。
　　　① 墓地　　② 畑　　③ 田

問6　☼ は（　　　　　）を表す。
　　　① 工場　　② 小中学校　　③ 果樹園

問7　♂ は（　　　　　）を表す。
　　　① 工場　　② 小中学校　　③ 果樹園

問8　等高線は土地の（　　　　　）を平面上に表現したものである。
　　　① 高低　　② 面積　　③ 外形

問9　等高線の間隔が狭いところは、（　　　　　）であることを示している。
　　　① 平坦な傾斜　　② ゆるやかな傾斜　　③ 急な傾斜

問10　さまざまな地理情報をコンピュータに蓄積し、目的に応じて情報を取り出したり、地図化できたりする一連の仕組みを（　　　　　）という。
　　　① GIS　　② GPS　　③ GNSS

解答

問1：③　問2：②　問3：①　問4：②　問5：③　問6：①　問7：③　問8：①
問9：③　問10：①

■ 次の問いを読み、問1〜4に答えよ。

問1　マサヨさんは、小田原市の変化を調べるために、新旧の地形図を比較した。資料1と資料2から読み取った文として最も適切なものを、あとの①〜④のうちから一つ選べ。〈高認 H. 27-2〉

資料1

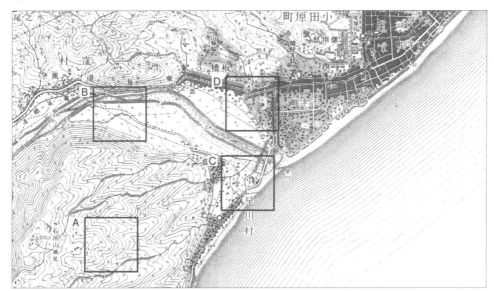

（国土地理院発行 25,000分の1地形「小田原南部」大正19年発行に一部加筆）

資料2

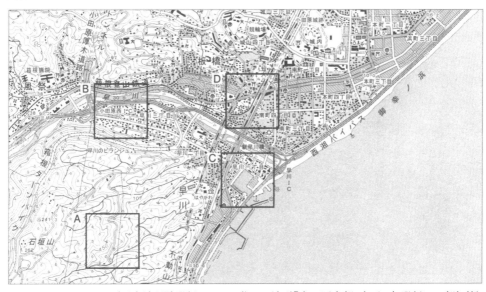

（国土地理院発行 25,000分の1地形「小田原南部」大正7年発行に一部加筆）

① 資料1中のA地域の主な土地利用は、資料2と同じく主に桑畑である。

② 資料1中のB地域の平野部は主に田として利用されていたが、資料2では主に工場地帯となった。

③ 資料1中のC地域の沿岸部は砂浜海岸が続いていたが、資料2では新たに掘り込みによる港湾ができている。

④ 資料2のD地域には、資料1ではみられなかった鉄道駅が新たに2駅できている。

問2　アヤさんは、登山中に使用した全地球測位システム（GPS）のデータから、資料3を作成した。また、資料4中の①〜④は、資料3中のア〜エのいずれかの区間のコース状況を記録したメモである。資料3中のイの区間について書かれたメモの内容として最も適切なものを、資料4中の①〜④のうちから一つ選べ。

〈高認 H. 29-2〉

資料3

注）コースはスタート地点（☆）から時計回りに1周したものであり、各区間は●から〇へと歩いたものである。

0　　100　　200 m

（「カシミール 3D」により作成）

資料4　各区間を●から○へと歩いた際のメモ

① 下りの途中で尾根から谷に入った。急な下りが続き、滑らないように注意して歩いた。下り終えると少し平坦になっており、ここで休憩した。

② 広場でしばらく休憩をとった後に再び歩き始めた。この区間はほとんどが平坦な道のりであったので、歩きやすかった。

③ ロープウェイ駅の近くまで行くと展望台があり、スタート地点が見えた。さらに登ると尾根沿いに平坦な道が続き、神社前の広場で休憩した。

④ 急な登りが続いたが、しばらく進むと進行方向の左手に平成新山が見えた。しかし、立ち入り禁止となっており、そちらへは行くことができなかった。

問3　エリコさんたちは、千葉県内の銭湯について調べ、資料5を基に統計地図を作成した。資料5中の作成メモに示された「作図意図」に沿って作成された地図として最も適切なものを、あとの①〜④のうちから一つ選べ。〈高認 R. 1-2〉

資料5　千葉県内の市町村別銭湯数(2018年8月末現在)と作成メモ

市町村名	軒数(軒)
千葉市	13
市川市	9
船橋市	8
松戸市	5
浦安市	3
鎌ケ谷市	2
香取市	2
柏市	1
勝浦市	1
木更津市	1
銚子市	1
東金市	1
流山市	1
習志野市	1
茂原市	1

作成メモ

「調査対象とした銭湯について」

　公衆浴場法や関連する法令等における一般公衆浴場を指し、おおよそ次の規定に基づいた温浴施設が該当する。

・地域住民の日常生活において保健衛生上必要なものとして利用される施設

・物価統制令によって入浴料金の上限が統制されている施設

「作図意図」

・資料5を基に、銭湯利用者の便宜を図るため、さらに銭湯の所在地データを入手して、地図化し、各銭湯の位置を明確にする。

（『千葉県浴場営業名鑑』などにより作成）

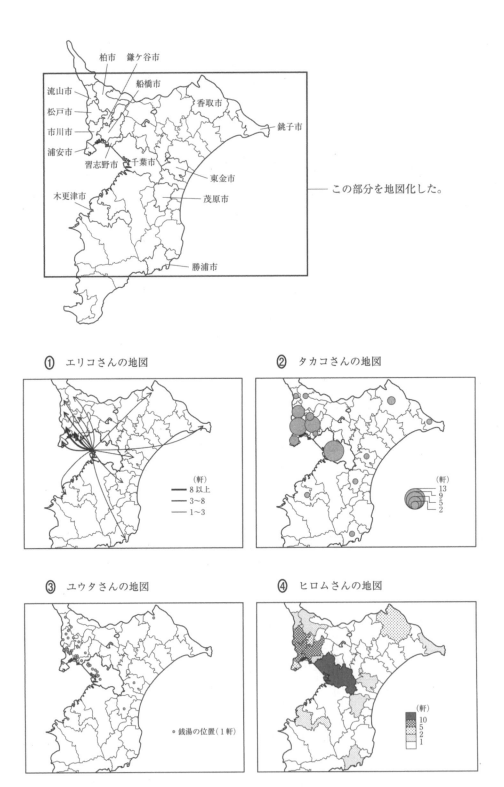

この部分を地図化した。

① エリコさんの地図

(軒)
8以上
3～8
1～3

② タカコさんの地図

(軒)
13
9
5
2

③ ユウタさんの地図

・銭湯の位置（1軒）

④ ヒロムさんの地図

(軒)
10
5
2
1

問4 　ナオさんは、地理情報の地図化に興味を持ち、資料6と資料7を得た。これら
の資料から読み取った文として**不適切なもの**を、あとの①～④のうちから一つ
選べ。〈高認 H. 30-1〉

資料6 　オーストラリアの農業分布

　　　□ 主に牧牛　　■ 小麦
　　　■ 主に牧羊　　▦ さとうきび
　　　■ 主に酪農　　□ 非農業地域

　　　　　　　0　　　　1,000 km

資料7 　オーストラリアの年降水量分布

　　　　　　── 等降水量線
　　　　　　　　（mm/年）

　　　　　　0　　　1,000 km

（『世界地図を読む』などにより作成）

① 資料6から、ロングリーチは、「主に牧牛」が行われている農業地域として表され
ていることが分かる。

② 資料7から、南回帰線上の年降水量を比較すると、オーストラリアの東岸よりも
西岸の方が少ないことが分かる。

③ 資料6と資料7から、年降水量250mm 未満の地域にも、年降水量750mm 以上
の地域にも、「非農業地域」が広がっていることが分かる。

④ 資料6と資料7から、「さとうきび」が栽培されている農業地域では、年降水量が
おおむね750 mm 未満であることが分かる。

🔓 解答・解説

問1：③

　①について、どちらの資料もA地域は果樹園として利用しています。②について、資料2のB地域には工場を示す地図記号は見られません。④について、資料2のD地域には鉄道駅はありません。したがって、正解は③となります。

問2：①

　「ア」は妙見岳駅の近くを通り、尾根沿いに進んで神社へ向かうルートですので、この区間のメモは③になります。「ウ」は等高線を複数またぐルートで、急な登りになります。また、この区間を歩いた場合、進行方向の左に平成新山があることが資料3からわかりますので、この区間のメモは④になります。「エ」はほぼ等高線に沿って進むルートですので、高低差のない平坦な道のりであったと考えられます。よって、この区間のメモは②になります。

問3：③

　資料5の「作図意図」に「各銭湯の位置を明確にする」とありますので、これを満たす地図を選びます。①について、これは矢印の原点（ここでは千葉市）からの人の移動などを表すのに使われる地図です。②について、この地図はそれぞれの市にどのぐらいの数の銭湯があるのかを円の大きさで感覚的に表しています。③について、これはそれぞれの市にある銭湯の一軒一軒が点でもってその位置が示されています。④について、この地図もそれぞれの市にどのぐらいの数の銭湯があるのかを色の濃淡や模様の違いで表しています。したがって、正解は③となります。

問4：④

　不適切なものを選びます。①について、資料6を見ると、ロングリーチは「主に牧牛」の農業分布を示す薄いグレーの地域に位置しています。よって、①は正しいです。②について、資料7を見ると、等降水量線は250の線から右（東）に行くほど数字が大きくなっています。ここから、東岸よりも西岸のほうが年降水量が少ないことがわかりますので、②も正しいです。③について、資料6を見ると、中央部と北部に「非農業地域」が広がっています。この2つの地域を資料7で見ると、中央部の「非農業地域」はおおよそ250の等降水量線の内側に、北部の「非農業地域」は750の等降水量線の外側に位置していることがわかりますので、③も正しいです。④について、資料6を見ると、「さとうきび」が栽培されている農業地域は東岸にあります。この地域を資料7で見ると、大部分が750の等降水量線の外側に位置しています。ここから、この地域の年降水量はおおむね750mm以上であることがわかりますので、④は誤りです。

4. 日本地理と防災

試験では、日本の地理（主に気候の地域性）についての出題がたびたび
あります。また、災害と防災についても頻出分野です。日本の地理性
と、それがもたらす恵みや災害について学習していきましょう。

Hop | 重要事項

日本の領域と経済水域

　日本は海に囲まれているため、隣国との領域は海に隔てられています。日本は沖ノ鳥
島や択捉島をはじめとする多くの島を領有しており、領土と接する海域に設定されてい
る排他的経済水域の広さは世界第6位です。また、4つのプレートの上に国土があるこ
とから、地震や火山が多い国となっています。

- 日本は島国 ➡ 排他的経済水域が広い
- 新期造山帯（p. 67 参照）に属し、4枚のプレート上に国土がある ➡ 地震や火山が多い

関連用語

- 排他的経済水域 …… 海岸線から200海里に設定されている水域で、沿岸国には地下
　資源の開発や漁業権などが優先して認められている

《 日本の領域 》

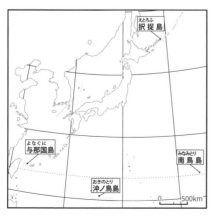
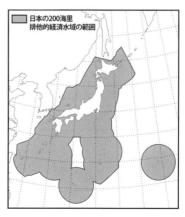

参　考　日本の基礎データ			
面積	約37.8万 km²	年降水量	約1,700mm
人口	約1億2,300万人 （世界第12位）※2023年現在	気候	温暖湿潤気候（ Cfa ）
年平均気温	約16℃	日本の 標準時子午線	東経135度 （兵庫県明石市）

日本の気候

　日本のほとんどの地域が温帯に属し、はっきりとした四季が見られます。また、南北に長い領土であるため、地域によって気候が異なります。以下に日本の気候区分の地図を載せていますので、地域ごとの大まかな特徴をつかんでおきましょう。

地域	気候区分	特徴
❶ 北海道	冷帯	冬はとくに低温となる
❷ 日本海側	温帯	季節風の影響で冬に雪が多い ➡ 冬の降水量が多い
❸ 太平洋側		夏は多雨、冬に乾燥して晴天が多い
❹ 中央高地		内陸性の気候。夏は暑く、冬は寒い
❺ 瀬戸内		山地に囲まれており、年中少雨
❻ 南西諸島	亜熱帯	年中暖かく、多雨

日本各地の雨温図とその特徴

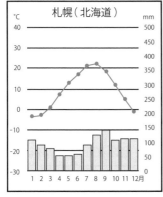

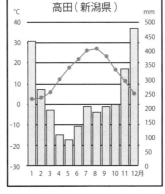

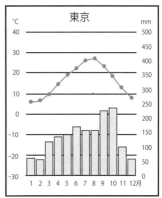

12月～3月は平均気温0度を下回るが、夏の平均気温は約20度まで上昇する。また、北海道には梅雨がない。

日本海側は、シベリア気団が南下する際に供給される水蒸気の影響で冬に降雪量が多い特徴がある。

冬は乾燥して晴れの日が多く、梅雨がある6月、台風が多い9月と10月に降水量が多くなる。

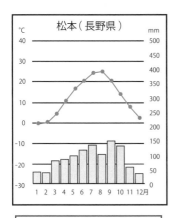

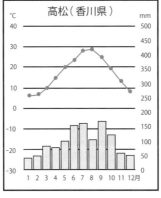

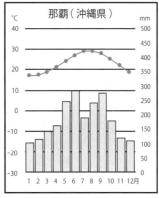

海から離れている内陸に位置するため、年間を通して雨が少ない。また、冬は海からの暖かい風、夏は涼しい風が届かないことから、冬は寒く、夏は暑い気候となる。

瀬戸内海は中国山地・四国山地・紀伊山地に囲まれており、雨雲が届かないことから年間を通して降水量が少ない。また、冬は暖かい海風の影響で比較的暖かい気候となる。

日本の各地域と比較して赤道の近くに位置することから、年中暖かく降水量も多い特徴がある。

関連用語

● やませ …… 初夏から秋にかけて、東北地方の太平洋側に吹く冷たく湿った風。長引くと農作物に冷害を引き起こす

💡 災害と防災

　日本は降水量が多く、また地震が多い国であることから、さまざまな災害が発生しています。各災害の特徴と注意点を下表にまとめてありますので、目を通しておきましょう。

《 主な災害と注意点 》

種類	概要	注意点
地震	プレートのひずみや火山の噴火などを原因とした地面の揺れ	津波・液状化・土砂崩れなど、ほかの災害も引き起こす可能性がある
津波	地震などによって発生した海底の地殻変動により引き起こされる	状況に応じて行動し、高い場所に避難することが必要
高潮 (たかしお)	台風や低気圧などにより、海面が高くなる現象	陸地に水が入り込むと住宅が浸水する可能性がある
液状化	地震などにより、地層自体が液体状になる現象のこと	埋立地や干拓地などは液状化が起こりやすいため注意が必要
洪水	大雨などにより河川が増水・氾濫することで、陸地が水没したり水浸しになったりする災害	川の近くだけでなく、大雨により都市部でも起こる可能性がある
崖崩れ (がけ)	大雨や地震により地盤が緩くなることで、山や崖などの土砂が崩れる災害	大雨後、地盤が緩んでいる際に注意が必要
地すべり	大雨などで地面に水が溜まることにより、地下から地面がはがれ、原形をとどめたまま移動する災害	
土石流	土砂が水と混ざり、河川などを流下する災害	
火山噴火	地下で発生したマグマが地上にあふれ出す災害	火山の形・種類・噴火した場所により溶岩が流れる方向が変わる 火山灰の飛散は風向きに影響される

ハザードマップ

　自然災害による被害の軽減や防災対策に使用するために作られた地図があります。これをハザードマップ（災害情報マップ・災害避難地図）といいます。このハザードマップには、水害や土砂災害、火山災害などの災害による被害が想定される区域・範囲や避難場所・避難経路などの位置が示されています。

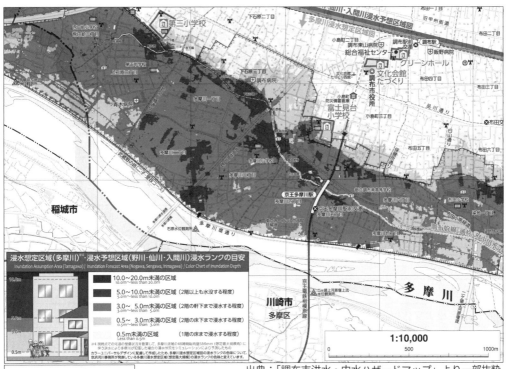

出典：「調布市洪水・内水ハザードマップ」より一部抜粋

凡　　例 Legend		

避　難　所 Evacuation Shelter	
福祉避難所（二次避難所） Evacuation Welfare Shelters	
防災備蓄倉庫 Emergency Supplies Warehouse	
防災備蓄用コンテナ Emergency Supplies Container	
災害応急対策資材倉庫 Emergency Materials Warehouse	
緊急医療救護所 Emergency Hospital	
消防団機械器具置場 Volunteer Fire Brigade Station	
消防署・消防署出張所 Fire Station / Fire Station Branch Office	
警察署・交番・駐在所 Police Station / Police Box / Residential Police Box	
防災行政無線 Disaster PA Radio Network	
河川監視カメラ River Surveillance Camera	
水位観測所 Water Level Observatory	
給水拠点 Drinking Water Supply Point	
土のうステーション Sandbag Station	
アンダーパス Underpass	
都　　県　　界 Metropolitan / Prefectural Boundary	
市　　　　　界 City Boundary	
丁　目　　界 Chome Boundary	

上のハザードマップを見てみると、川の近くはグレーや濃いグレーで色付けしてある箇所が多く、浸水の危険性が高くなっていますね。避難所の場所も確認することができます。

参考　日本世界遺産

世界遺産には、主に自然遺産と文化遺産がある。2023年1月までに日本では5つの自然遺産と20の文化遺産が世界遺産に登録されている

自然遺産	所在地
屋久島	鹿児島県
白神山地	青森県・秋田県
知床	北海道
小笠原諸島	東京都
奄美大島、徳之島、沖縄島北部及び西表島	鹿児島県・沖縄県

文化遺産	所在地
法隆寺地域の仏教建造物	奈良県
姫路城	兵庫県
古都京都の文化財（京都市、宇治市、大津市）	京都府・滋賀県
白川郷・五箇山の合掌造り集落	岐阜県・富山県
原爆ドーム	広島県
厳島神社	広島県
古都奈良の文化財	奈良県
日光の社寺	栃木県
琉球王国のグスク及び関連遺産群	沖縄県
紀伊山地の霊場と参詣道	三重県・奈良県・和歌山県
石見銀山遺跡とその文化的景観	島根県
平泉 —仏国土（浄土）を表す建築・庭園及び考古学的遺跡群—	岩手県
富士山 —信仰の対象と芸術の源泉—	山梨県・静岡県
富岡製糸場と絹産業遺産群	群馬県
明治日本の産業革命遺産 製鉄・製鋼、造船、石炭産業	福岡県・佐賀県・長崎県・熊本県 鹿児島県・山口県・岩手県・静岡県
ル・コルビュジエの建築作品 —近代建築運動への顕著な貢献—	東京都
「神宿る島」宗像・沖ノ島と関連遺産群	福岡県
長崎と天草地方の潜伏キリシタン関連遺産	長崎県・熊本県
百舌鳥・古市古墳群 —古代日本の墳墓群—	大阪府
北海道・北東北の縄文遺跡群	北海道・青森県・岩手県・秋田県

Step｜基礎問題

(　)問中(　)問正解

■ 各問の空欄に当てはまる語句をそれぞれ①〜③のうちから一つずつ選びなさい。

問1　日本は、（　　　　　）を通る東経135度の経線を標準時子午線として、この子
　　　午線上の時刻を標準時と定めている。
　　　　　① 東京都新宿区　　② 兵庫県明石市　　③ 福岡県福岡市

問2　沿岸国には地下資源の開発や漁業権などが優先的に認められる、海岸線から
　　　200海里までの水域を（　　　　　）という。
　　　　　① 排他的経済水域　　② 領海　　③ 大陸棚

問3　日本の（　　　　　）の気候は、季節風の影響で冬の降雪が多い。
　　　　　① 日本海側　　② 太平洋側　　③ 瀬戸内

問4　日本の（　　　　　）の気候は、山地に囲まれており、年中少雨である。
　　　　　① 日本海側　　② 太平洋側　　③ 瀬戸内

問5　日本の（　　　　　）の気候は、季節風の影響によって夏に雨が多く冬に晴れが
　　　多い。
　　　　　① 日本海側　　② 太平洋側　　③ 瀬戸内

問6　台風や低気圧などにより、海面が高くなる現象を（　　　　　）という。
　　　　　① 津波　　② 土石流　　③ 高潮

問7　土砂が水と混ざり、河川などを流下する災害を（　　　　　）という。
　　　　　① 津波　　② 土石流　　③ 高潮

🔍解　答
　　問1：②　問2：①　問3：①　問4：③　問5：②　問6：③　問7：②

問8　　河川の近くで起こりやすい災害は（　　　　　　）である。
　　　　　① 洪水　　② 地震　　③ 津波

問9　　地震が起きたとき、急な斜面や崖では（　　　　　　）に注意が必要である。
　　　　　① 崖崩れ　　② 液状化　　③ 津波

問10　　災害による被害が想定される区域や避難場所などの位置が示されている地図を
　　　　（　　　　　）という。
　　　　　① メッシュマップ　　② マインドマップ　　③ ハザードマップ

🔍解　答

問8：①　問9：①　問10：③

Jump｜レベルアップ問題

（　　）問中（　　）問正解

■ 次の問いを読み、問1と問2に答えよ。

問1　アオイさんは、「自然環境と防災」の授業において、資料1と資料2を得た。これらの資料から読み取れるものとして**不適切なもの**を、あとの①〜④のうちから一つ選べ。〈高認 R. 1-2 改〉

資料1　太地町のハザードマップ

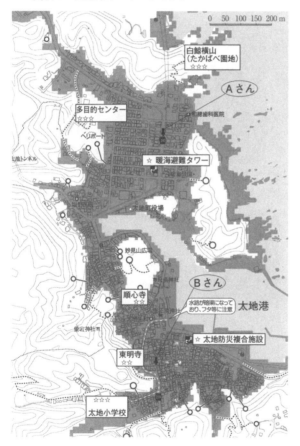

（太地町津波ハザードマップにより作成）

資料2　ハザードマップ中の指定避難先の安全レベル

緊急避難先レベル1 ☆	浸水の危険性がある地域に，時間的に緊急避難先（レベル2，3）に避難する余裕がない場合に対応するために緊急避難先として指定
緊急避難先レベル2 ☆☆	浸水予想近接地域に，緊急避難先（レベル3）へ避難する余裕がないときの緊急避難先として指定
緊急避難先レベル3 ☆☆☆	浸水の危険性がない地域に，より標高が高くより離れた安全な場所を指定

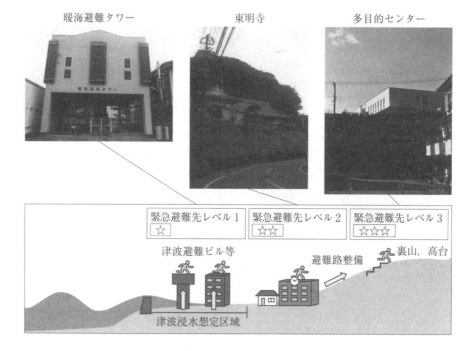

① 太地港に面する地域には、津波による浸水が予測される地域がある。

② 資料1中のAさんのいるところからは、「暖海避難タワー」よりも、「多目的センター」の方が緊急避難先レベルが高いことから、常に「多目的センター」を避難先とすることが重要である。

③ 資料1中のBさんのいるところからは、「東明寺」に避難しても、地震によって建物に被害があるかもしれないので引き続き注意が必要である。

④ 津波の際には、時間があれば、「避難路」や「避難階段」を活用するなどして、より標高が高く安全な場所に逃れることが重要である。

問2 ショウコさんは、兵庫県の気候の地域差に関心を持ち、資料4を作成した。資料4中のア〜ウは、それぞれ資料3中のA〜Cのいずれかの地点の雨温図である。資料3中のA〜Cと資料4中のア〜ウの組合せとして最も適切なものを、あとの①〜④のうちから一つ選べ。〈高認 H. 30-1〉

資料3

（地理院地図により作成）

資料4　資料3のA～Cのいずれかの地点における雨温図

ア

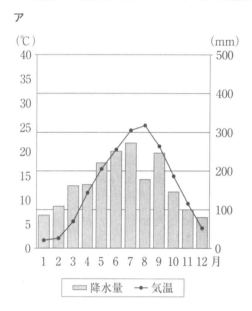

イ

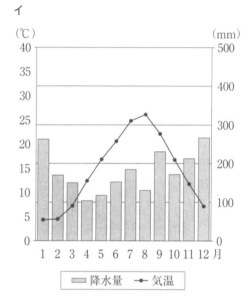

ウ

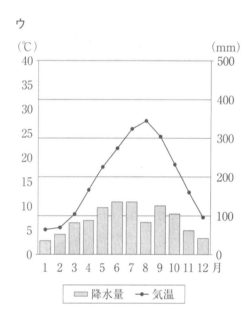

(気象庁ホームページにより作成)

	A	B	C
①	ア	イ	ウ
②	ア	ウ	イ
③	イ	ア	ウ
④	イ	ウ	ア

🔑 解答・解説

問1：②

　不適切なものを選びます。①について、資料1を見ると、「津波による浸水が予測される地域」は、凡例からグレーで示されていることがわかります。太地港に面する地域を見ると、この地域の大部分がグレーの「津波浸水想定区域」となっていますので、①は正しいです。②について、資料1を見ると、たしかに「多目的センター」のほうが「暖海避難センター」よりも☆の数が多く安全レベルが高いことが示されています。しかし、資料2を見ると、「緊急避難先レベル1」つまり☆が1つの避難先は、より安全な避難先に避難する時間的余裕がない場合の避難先として指定されていることがわかります。よって、②は「常に『多目的センター』を避難先とする」という部分が誤りです。③について、「東明寺」は資料1のハザードマップと資料2の写真から山裾に建てられていることがわかります。立地上、津波や浸水からは避難できたとしても、地震による被害が発生する可能性もあります。よって、③は正しいです。④について、資料1を見ると、破線で示されている避難路や実線で示されている避難階段は、標高のより高いほうに向かって設定・設置されていることがわかります。また、資料2の図から裏山や高台といった標高が高い場所がより安全であることがわかります。よって、④は正しいです。したがって、正解は②となります。

問2：③

　兵庫県は日本海と瀬戸内海に面しています。日本海に面した地域は、冬には日本海上で水蒸気を含んだ冷たい風が吹き、大雪などを降らせて降水量が多くなります。よって、Aの地点の雨温図は「イ」です。一方、瀬戸内海に面した地域は、四国山地によって夏の雨がさえぎられ、中国山地によって冬の雨がさえぎられ、一年を通して降水量が少なくなります。よって、Cの地点の雨温図は「ウ」です。したがって、Aの地点の雨温図が「イ」、Bの地点の雨温図が「ア」、Cの地点の雨温図が「ウ」の③が正解となります。

第2章
世界の諸地域の地域性

1. 世界の地形

> 世界にはさまざまな地形が存在します。地形の形成について詳細な内容を問う問題は少ないですが、三角州・扇状地は必ず確認しておきましょう。また、新期造山帯は火山活動と関係が深いため、どこに分布しているのかを確認しておきましょう。

Hop 重要事項

地球規模の大地形

　地球上には大陸や海洋、山脈、海嶺、海溝、大平原など大規模な地形が存在します。これらの地球規模ともいえる地形は大地形と呼ばれ、地球の内部からはたらく力（内的営力＝起伏を大きくする力）が作用して形成されたものです。内的営力はプレートと呼ばれる岩盤の運動により生じますので、大地形の成り立ちはプレートの運動によって説明がなされます。

プレートテクトニクス

　下の図は世界の主なプレートの分布を示したものです。地球の表層はこのように十数枚のプレートによっておおわれています。その下には流動性のあるマントルと呼ばれるものがあり、マントルの動きによってプレートもさまざまな方向に動いています。そのため、プレートとプレートの境界部では火山活動や地震活動などの地殻変動が活発に起きています。このようなプレートの動きによって大陸や海洋の成り立ちや分布などを説明しようとする理論をプレートテクトニクスといいます。

参 考 **大陸移動説**
ドイツの地球物理学者ウェゲナーは、かつては1つであった大陸塊が、分裂や移動をして現在のような大陸分布になったと主張した

造山帯

　プレートの移動などによって地層が波のように曲がる褶曲運動や地層あるいは岩盤が割れてずれる断層運動により、山地・山脈が形成される地殻運動のことを造山運動といいます。下の図にあるように、世界の陸地は安定陸塊、古期造山帯、新期造山帯に分けることができます。これらは造山運動を受けて形成された時期を基準に分類されています。

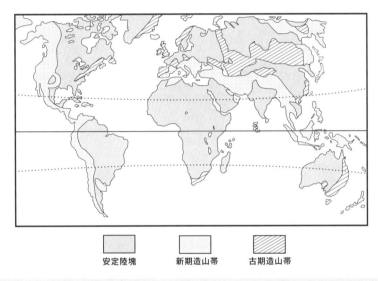

安定陸塊　　新期造山帯　　古期造山帯

- 安定陸塊 …… 約5.4億年前からはじまる古生代よりも前の先カンブリア時代に造山運動を受けて形成された地域で、さらに楯状地と卓状地に区分される
    - ➡ 楯状地（先カンブリア時代の岩石が地表に露出し、楯を伏せたような形状をしている地形）
    - ➡ 卓状地（先カンブリア時代の岩石の上に後代の地層が水平に堆積し、卓つまりテーブルのような形状をしている地形）
- 古期造山帯 …… 古生代に造山運動を受けて形成された地域で、長期間の浸食を受けたことから低くなだらかな山地であることが特徴。古期造山帯からは石炭が多く産出される
    - ➡ アパラチア山脈（アメリカ）・ウラル山脈（ロシア）ペニン山脈（イギリス）・スカンディナビア山脈（北欧）グレートディヴァイディング山脈（オーストラリア）など

067

- ◉ 新期造山帯 …… 約 2.5 億年前からはじまる中生代と約 6,500 万年前から現在に至る新生代に造山運動を受けて形成された地域で、長期間の浸食を受けていないことから高く険しい山地であることが特徴。火山活動が活発で、地震が起こりやすい。新期造山帯からは石油が多く産出される
  - ➡ 環太平洋造山帯　※太平洋のまわりを囲むように分布
  - ➡ アルプス・ヒマラヤ造山帯
    ※おおよそアルプス山脈からヒマラヤ山脈にかけて分布

海底地形

- ◉ 大陸棚 …… 大陸の一部で、海岸からゆるやかに傾斜しながら続く水深 200m までの海底
- ◉ バンク（浅堆）…… 大陸棚のうち、とくに浅い海底のことで、好漁場となっている
- ◉ 海嶺 …… 海底に見られる山脈。大洋の中央の大規模な海嶺を中央海嶺という
- ◉ 海溝 …… プレートとプレートの境目にできる深い溝状の凹所
  - ➡ 日本海溝・マリアナ海溝・チリ海溝など

🔎 地域に見られる小地形

　大規模な大地形に比べて小規模な小地形と呼ばれるものがあります。大地形が内的外力の作用により形成されたのに対して、小地形は地球の外部からはたらく力（外的営力＝起伏を小さくする力）が作用して形成されます。河川や氷河、波による浸食、気温変化や日光、風雨などによる風化、河川などによる土砂の運搬、そして堆積が外的営力の例です。

山地に見られる地形

- ◉ V字谷 …… 河川の侵食により形成された、断面がV字の形をしている谷
- ◉ 河岸段丘 …… 河川の侵食により形成された河岸沿いの階段状の地形

◉ U字谷 …… 氷河の侵食により形成された、断面がU字の形をしている谷。また、山頂付近には、氷河の浸食により山肌が半円状に削られた凹地であるカール（圏谷）が見られ、谷の出口付近には、氷河の浸食によりできた凹地に水が溜まって形成された氷河湖が見られる

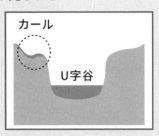

◉ カルスト地形 …… 石灰岩が雨水などにより溶かされて浸食されてできた地形。カルスト地形には、石灰岩が水によって溶かされたできた穴がある。雨水や地下水が地中の石灰岩を溶かすと、地下に鍾乳洞ができる
→ スロベニアのカルスト地方
→ 山口県の秋吉台や福岡県の平尾台などにも見られる

浸食平野

　浸食平野とは、山地などの地表が長期にわたり雨風などにより浸食されて平坦になった平野のことです。浸食平野には準平原と構造平野があり、準平原は安定陸塊の楯状地が平坦化した平野であるのに対して、構造平野は安定陸塊の卓状地が平坦化した平野であるという違いがあります。構造平野は比較的大規模で、東ヨーロッパ平原や北アメリカ中央平原がその代表例です。

◉ ケスタ地形 …… 構造平野の斜面には図のようなケスタ地形が見られる。ケスタ地形の地層には硬い層と軟らかい層が交互に堆積しているが、硬層は浸食を受けにくく、軟層は浸食を受けやすいという違いがあるため、硬層部分は急な斜面を形成し、軟層部分はゆるやかな斜面を形成する
→ パリ盆地やロンドン盆地など

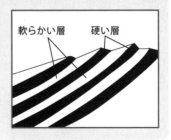

沖積平野

　沖積平野とは、河川が山地の上流から運搬してきた土砂が堆積することにより形成された平野のことです。沖積平野には扇状地、氾濫原、三角州があります。これらは、形成される位置によって区別され、谷口付近には扇状地が、河口付近（河川が海に流れ込む部分）には三角州が、その中間の位置には氾濫原が形成されます。

◉ 扇状地 …… 河川が運搬してきた土砂が谷口を中心として扇状に堆積することにより形成される地形。粒の大きな砂礫が堆積するため、水はけがよく、主に果樹園や畑として利用される

　　➡ 甲府盆地や松本盆地など

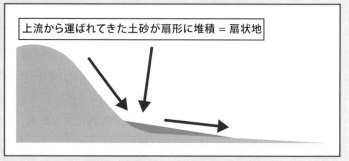

※上から見ると扇形に見えることから扇状地と呼ばれている

◉ 三角州（デルタ）…… 河川が運搬してきた土砂が河口付近に堆積することにより形成される地形。ここに堆積するのは粒の小さい砂や泥で、水はけの悪い低湿地のため、東南アジアや日本では水田として利用されてきた

　　➡ エジプトのナイル川河口、アメリカのミシシッピ川河口など

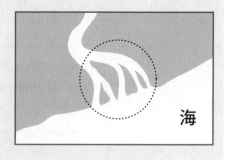

海岸地形（沈水海岸）

　土地の沈降や海面の上昇から陸地が海面よりも下に沈むこと（沈水）によって形成された海岸を沈水海岸といいます。水深が深く、海岸線が複雑であることが特徴です。沈水海岸には、次のものがあります。

● リアス海岸 …… 河川の浸食によってできたV字谷が沈水して形成された、のこぎり
　　　　　　　　歯状の海岸
　　　　　　　➡ スペイン北西部、三陸海岸など

● フィヨルド …… 氷河の浸食によってできたU字谷が沈水し、海水が侵入して形成さ
　　　　　　　　れた入江（海が陸地に入り込んだところ）
　　　　　　　➡ ノルウェー西岸、チリ南西岸など

● エスチュアリー（三角江）…… 河川の河口部が沈水して形成されたラッパ状の大きな
　　　　　　　　　　　　　　　入江
　　　　　　　　　　　　　　➡ イギリスのテムズ川など

海岸地形（離水海岸）

　土地の隆起や海面の低下から陸地（海底）が海面よりも上に現れること（離水）によっ
て形成された海岸を離水海岸といいます。水深が浅く、海岸線が直線的であることが特
徴です。離水海岸には、次のものがあります。

● 海岸平野 …… もともと浅い海底であったところが離水することによって形成され
　　　　　　　　た海岸。海面と標高がほとんど同じ
　　　　　　　➡ 九十九里平野、アメリカの大西洋岸平野など

● 海岸段丘 …… 海岸沿いに形成された階段状の地形。岩石が露出した海岸に激しい波
　　　　　　　　が打ち寄せると、波打ち際には寄せ波の浸食によって急崖（海食崖）
　　　　　　　　ができ、急崖の下の海底部には引き波によって平坦な面（海食台）が
　　　　　　　　できる。海底部の海食台が隆起により離水し、また海食崖の形成と海
　　　　　　　　食台の離水が繰り返されることによって、階段状の海岸段丘が形成さ
　　　　　　　　れる
　　　　　　　➡ 室戸岬など

海岸地形（その他）

◉ 砂嘴 …… 沿岸流と呼ばれる海岸線に沿って流れる海水の流れによって運搬されてきた砂礫が海岸線の延長線上に堆積することにより形成される地形。湾の内側に嘴のように曲がっている

◉ 砂州 …… 沿岸流によって砂嘴が対岸まで湾口をふさぐように発達した地形

◉ 陸繋島 …… 海岸近くに位置する島をつなぐように発達した陸繋砂州（トンボロ）によって陸とつながれた島
　　　　➡函館など

◉ ラグーン（潟湖）……砂州などによって外海と切り離されて形成された湖
　　　　➡ サロマ湖など

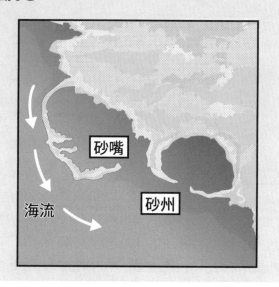

 **Step | 基礎問題**

■ 各問の空欄に当てはまる語句をそれぞれ①～③のうちから一つずつ選びなさい。

問1　土地の隆起や沈降など、地球の内部からはたらく力である内的営力によって（　　　　）は形成される。
　　　　① ケスタ地形　　② 小地形　　③ 大地形

問2　造山帯のうち、（　　　　）は火山活動が活発で地震が起こりやすい。
　　　　① 安定陸塊　　② 古期造山帯　　③ 新期造山帯

問3　浸食や風化など、地球の外部からはたらく力である外的営力によって（　　　）は形成される。
　　　　① ケスタ地形　　② 小地形　　③ 大地形

問4　山地に見られるＶ字谷は、（　　　　）の浸食によって形成される。
　　　　① 河川　　② 土砂　　③ 氷河

問5　山地に見られるＵ字谷は、（　　　　）の浸食によって形成される。
　　　　① 河川　　② 土砂　　③ 氷河

問6　構造平野に見られる（　　　　）は、硬い地層部分は急な斜面を、軟らかい地層部分はゆるやかな斜面を交互に形成している。
　　　　① カルスト地形　　② ケスタ地形　　③ カール

問7　扇状地とは河川が運搬してきた土砂が（　　　　）を中心として扇状に堆積することにより形成される地形のことで、主に果樹園や畑として利用される。
　　　　① 谷口　　② 湾口　　③ 河口

 解　答

問1：③　問2：③　問3：②　問4：①　問5：③　問6：②　問7：①

問 8　　　三角州とは河川が運搬してきた土砂が（　　　　）付近に堆積することにより形成される地形のことで、日本では水田として利用されてきた。
　　　　　　　① 谷口　　　② 湾口　　　③ 河口

問 9　　　河川の浸食によってできた V 字谷が沈水して形成された、のこぎり歯状の海岸のことを（　　　　）という。
　　　　　　　① エスチュアリー　　　② リアス海岸　　　③ フィヨルド

問 10　　氷河の浸食によってできた U 字谷が沈水し、海水が侵入して形成された入江のことを（　　　　）という。
　　　　　　　① エスチュアリー　　　② リアス海岸　　　③ フィヨルド

🔍 解 答
問 8：③　　問 9：②　　問 10：③

Jump │ レベルアップ問題

■ 次の問いを読み、問１と問２に答えよ。

問１　　　資料１に関して、会話文中の空欄 X と Z に当てはまる語の組合せと
　　　　　して最も適切なものを、あとの①～④のうちから一つ選べ。〈高認 H. 27-2 改〉

資料１　三角州の形状と成因を示した模式図

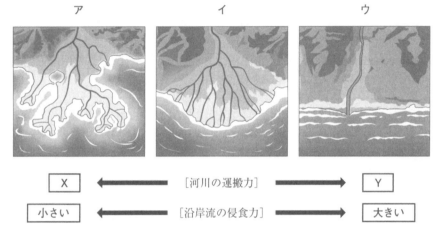

　　ア　　　　　　　　　　イ　　　　　　　　　　ウ

X ←――――――― ［河川の運搬力］ ――――――→ Y

小さい ←――――――― ［沿岸流の侵食力］ ――――――→ 大きい

注）地図の縮尺はそれぞれ異なっている。

ようこ：先生、資料１中の X と Y のどちらに「大きい」が入り、どちらに「小
　　　　さい」が入るのか分かりません。

先　生：三角州というのは河川の運搬力と沿岸流の侵食力の相対的な力関係によって形
　　　　状が変わります。例えば、資料１中のアに注目してみましょう。アの三角州
　　　　は海岸線が海上にせり出していますね。沿岸流の侵食力よりも河川の運搬力が
　　　　 X ときには、アのような形状になるようです。
　　　　では、イの三角州のある河川の上流に仮にダムが建設されたならば、海岸線に
　　　　どのような変化が起こると考えられますか。

ようこ：ダムが建設されると、河川が土砂を運ぶ力が小さくなるため、海岸線が Z
　　　　に移動すると思います。

先　生：そうでしょうね。

　　　　　　　　X　　　　　　Z
　　①　大きい　　　沖合い
　　②　大きい　　　内陸寄り
　　③　小さい　　　沖合い
　　④　小さい　　　内陸寄り

問 2　　ダイチさんは、河川の影響を受けた地形と土地利用の関係に興味をもち、「地
　　　理院地図」を利用して資料 2 を作成した。資料 2 の A ～ D について、それぞれ
　　　の地形図と地形図中の X － Y 間の地形断面図から読み取れることを説明した各
　　　文中の下線部①～④のうち、その内容が**不適切なもの**を一つ選べ。〈高認 R. 1-1〉

資料 2

A

(m)

X

Y

B

X

Y

(m)
450
420
390
360
330
300

0　　200　　400　　600　　800　　1000(m)
X　　　　　　　　　　　　　　　　　Y

　人工的につくられた堤防のほか，洪水時に
あふれ出た土砂が堆積してできた微高地が
見られる。①集落の多くは洪水による浸水
被害を受けにくい，微高地の上に立地して
いる。

　河川が堆積と侵食を繰り返すことで形成
された階段状の地形が見られる。②学校な
どのある市街地は，河床よりも 100 m 以上
高い場所に立地している。

...

C

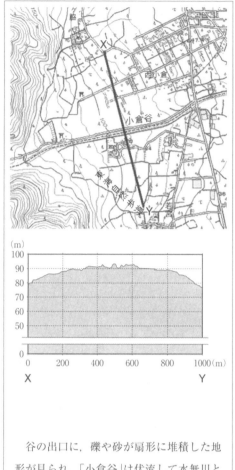

谷の出口に，礫や砂が扇形に堆積した地形が見られ，「小倉谷」は伏流して水無川となっている。③河川の近くは低地で水が得やすいため，水田として利用されている。

D

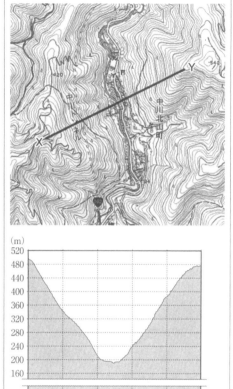

河川の侵食によるＶ字形の深い谷の底に土砂が堆積してできた小規模な平地が見られる。④集落は，河川に沿った平地に立地している。

(https://maps.gsi.go.jp により作成)

077

問 1 ：②

　沿岸流の侵食力よりも河川の運搬力が大きいと、河川によって運ばれる土砂が河口付近に堆積してゆき、海岸線が海上にせり出した地形になります。また、河川が土砂を運ぶ力が弱くなれば、沿岸流の侵食を受けて海岸線が内陸寄りに移動します。したがって、②が正解となります。

問 2 ：③

　不適切なものを選びます。①について、A の地図を見ると、X から Y の中央辺りに集落があり、地形断面図を見ると、ちょうどそのあたりがすこし高くなって、微高地になっていることがわかりますから、これは正しいです。②について、B の地図を見ると、ちょうど Y が川にかかっています。地形断面図を見ると、Y の辺りは330m ぐらいで、市街地がある X 側は階段のように高くなり、440m 近くあることがわかりますから、これも正しいです。この地形は河岸段丘でしょう。③について、C の地図は「礫や砂が扇形に堆積した」扇状地です。X から Y は「小倉谷」の辺りの地形断面図を見ると周りよりすこし高くなっていますし、地図記号を見ると、荒れ地などの記号が見られ、水田の記号は見られません。したがって、これが不適切です。④について、D の地図は、深い谷、つまり峡谷になっています。地形断面図を見ると X と Y 間の中央部が低く、小規模な平地になっています。地図を見ると、その辺りに建物などの記号が多く見られ、集落になっていることがわかりますから、これも正しいです。したがって、正解は③です。

2. 世界の気候と農業

世界の気候は、人々の生活(衣・食・住)や生産できる作物に大きく関係します。気候に影響を与える要因である緯度や地理条件などを覚えてしまえば、ほかの地域でも気候の予測ができるようになります。がんばりましょう!

 Hop | 重要事項

🔍 気候に関するさまざまな要因

世界にはさまざまな気候の国があり、それぞれ異なる気候の下に人々は暮らしています。それぞれの具体的な気候を見ていく前に、気候の違いを生み出す要因を見ていきましょう。

緯度

地球は太陽の熱を受けています。地球は球体であることから、緯度の高低によって地表面が熱を受け取る量が変わり、気温に変化が現れます。

▼ おおよその気候区分概要図

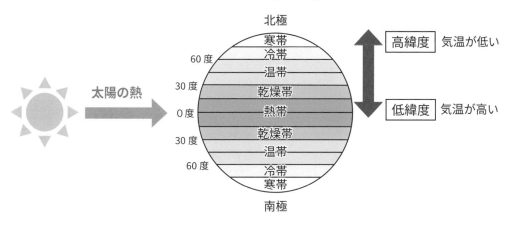

海抜(標高)

海抜とは、海面を 0 m としたときの陸地の高さです。海抜が 100 m 上がるごとに、気温は約 0.5℃〜 0.6℃低くなります。よって、同じ緯度の地域でも標高が高い場所は寒くなります。

風

　風も気候を決める要因のひとつです。地球では気圧が高いところから、低いところに向かって風が吹いており、地球規模の大きな風の流れが発生しています（大気大循環）。

 天気予報を見ているときに、低気圧や高気圧という言葉を聞いたことはありませんか？　低気圧は上昇気流を引き起こし、空気を上空へ運びます。空気中の水蒸気は冷やされると水となり、雨として地上に降りてきます。

- 恒常風 …… 一年中、決まった方向に吹く風（偏西風や貿易風など）
- 偏西風 …… 北緯・南緯 30 度付近の高圧帯から 60 度付近の低圧帯に向かって吹く風で、年間を通してほぼ一定方向に吹く。低緯度の暖かい風が高緯度に向かって吹く現象
  - ➡ 北緯 30 〜 60 度付近のヨーロッパ、南緯 30 〜 60 度付近のニュージーランドは緯度が高い割に暖かい
- 貿易風 …… 北緯・南緯 30 度付近の高圧帯から赤道付近の低圧帯に向かって年間を通してほぼ一定方向に吹く風
- モンスーン …… 季節によって吹く方向が異なる風
  - 【夏】海から陸に吹く　【冬】陸から海に吹く
  - 夏は海から吹く風により、湿度の高い空気が陸にもたらされる

図：モンスーン

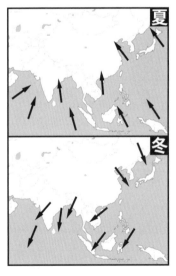

図：恒常風の模式図

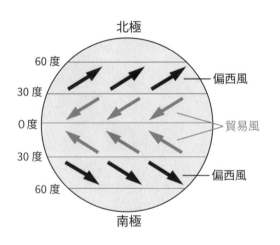

海流

　一般的に、太陽の熱を多く受ける低緯度の海水温は高く、高緯度の海水温は低くなります。海流は風などの影響によって、北半球では時計回り、南半球では反時計回りに流れています。暖かい海水は大気中に水蒸気を供給するため、暖流が流れる沿岸地域では降水量が多くなります。

内陸・沿岸部の違い

- ◉ 内陸 …… 海から離れている ➡ 雨雲が届きにくく、乾燥する傾向がある
- ◉ 沿岸部 …… 海から近い ➡ 雨が降りやすい傾向がある

関連用語

- ◉ 熱帯低気圧 …… 海上で発生する渦巻状の熱帯低気圧。一定の風速まで発達すると、台風（北西太平洋）、サイクロン（インド洋や南太平洋）、ハリケーン（大西洋や北東太平洋）と呼ばれる
- ◉ エルニーニョ現象 …… ペルー沖から太平洋東部にかけて、平年より海水温が上昇する現象。世界に異常気象をもたらし、日本では冷夏や暖冬となる

💡 ケッペンの気候区分

　ドイツの気候学者であるケッペンは、地域の気候ごとに異なる植物が育つことに注目しました。そして、植物の生育に関係が深い気温と降水量の違いを基に、世界の気候を区分しました。

関連用語

- ◉ 最暖月（最寒月）平均気温……最も暖かいまたは最も寒い月の平均気温
- ◉ 降水量 …… 雨だけでなく、雪も含まれる（日本の年降水量は約 1,700mm）

これから先は、さまざまな地域の雨温図が出てきます。雨温図では棒グラフが雨量、折れ線グラフが気温を示します。北半球と南半球の季節は逆でしたよね！　6・7・8月の気温が高ければ北半球、12・1・2月の気温が高ければ南半球の気候の雨温図と判断できますよ！

🔖 熱帯（A 気候）

　赤道付近に分布しているため、年中気温が高く、気温の年較差が小さい気候です。赤道付近の地域は太陽の熱を多く受けるため、海水が蒸発して雲ができやすいことから、年中高温多雨となります。また、雨により土の栄養分が流されるため、栄養分に乏しい赤色土（ラトソル）が広がります。

> ※ラトソルは鉄やアルミニウムを多量に含み、ラトソルが分布する土壌からボーキサイトが産出される
> ※最寒月平均気温 18℃以上

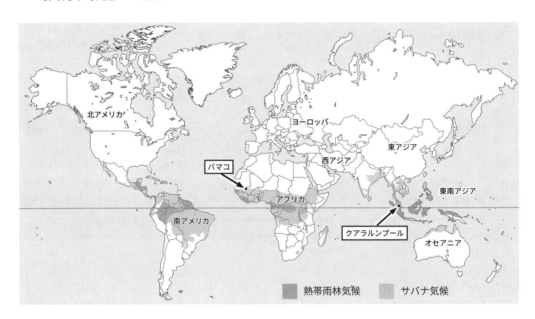

熱帯雨林気候（Af）

※代表地域：アマゾン盆地（南米）・コンゴ盆地（アフリカ）・東南アジアなど

- ◉ ほぼ赤道に沿う形で分布
- ◉ スコールと呼ばれる、突風をともなう激しい雨が降る
- ◉ 伝統的な住居は高床式（風通しをよくしている）
　衣服は通気性がよく涼しい装い
- ◉ 気温が高く、雨が多い ➡ 植生は豊か
　　※アブラヤシ、キャッサバ、ジャングル（密林）など
　　※アマゾン川流域のジャングルをセルバと呼ぶ

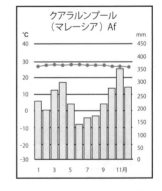

🏷 関連用語

- ◉ 熱帯モンスーン気候（Am）…… Af と Aw の「中間」型として設定された気候

サバナ気候（Aw）

※ 代表都市：バンコク（タイ）・コルカタ（インド）など

- ◉ 熱帯雨林気候の周辺と乾燥帯との間のエリアに分布
- ◉ 年中高温で、夏は雨季となり、冬は乾季となる
- ◉ 乾季でも生育できる樹木（アカシアやバオバブ）がまばらに生え、長草草原が広がる
  ※熱帯草原のことを、アフリカではサバナ、ブラジル高原ではカンポと呼ぶ

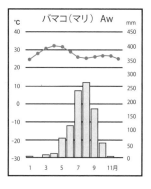

乾燥帯（Ｂ気候）

　緯度 30 度付近や内陸部に分布しています。乾燥しているため植物が少なく、地面が直接太陽で暖められるため、日中は高温、夜は急激に冷える特徴があります（気温の日較差が非常に大きい）。また、乾燥に強いラクダは遊牧民の間で荷役として飼育されています。

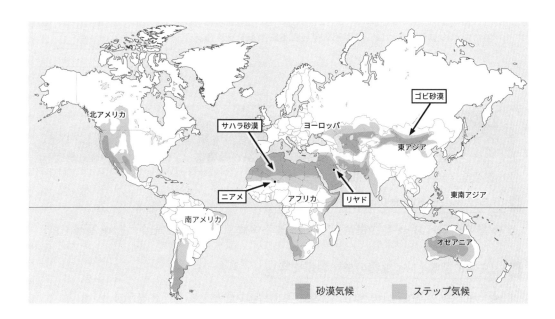

砂漠気候（BW）

※代表都市：リヤド（サウジアラビア）・カイロ（エジプト）

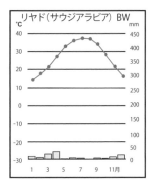

- ◉ 雨が極端に少なく、植生はほとんど見られない
- ◉ 住居は日干しレンガなどでつくる
- ◉ 農業をする場合は、湧水が得られるオアシスで行うオアシス農業（ナツメヤシ・小麦・綿花を栽培）のほか、地下水脈から水を引く灌漑によって水を得る

ステップ気候（BS）

※代表都市：ウランバートル（モンゴル）・ニアメ（ニジェール）

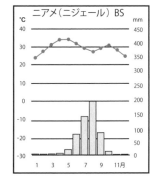

- ◉ 短い雨季がある
  - ➡ 雨季には短草原が広がり、乾季には枯れた葉が堆積する。雨量が多いところでは肥沃な黒色土や栗色土、褐色土が分布し、小麦の栽培がさかん
    - ※ウクライナやロシア南部で見られる黒色土をチェルノーゼムという

📖 参 考

ケッペンの気候区分は、アルファベットの大文字と小文字を組み合わせて気候を表している。たとえば、日本の気候である温暖湿潤気候（Cfa）のCは温帯、fは年中湿潤、aは最暖月平均気温 22℃以上であることを示す

⭐ アルファベットの大文字の意味

A ➡ 熱帯気候　　B ➡ 乾燥帯気候　　C ➡ 温帯気候　　D ➡ 冷帯気候　　E ➡ 寒帯気候

⭐ 小文字の意味（ドイツ語の単語の頭文字）

f ➡ feucht（英語では humid）の頭文字で、年中湿潤であることを示す
w ➡ wintertrocken（英語では winter-dry）の頭文字で、冬季の乾燥を示す
s ➡ sommertrocken（英語では summer-dry）の頭文字で、夏季の乾燥を示す
m ➡ monsunartig（英語では monsoonal）あるいは mitte（英語では middle）の頭文字で、Af と Aw の「中間」であることを示す

⭐ aとb

a ➡ 最暖月平均気温 22℃以上　　b ➡ 最暖月平均気温 22℃未満

温帯（C 気候）

　日本が属する気候帯です。気温の年較差が大きく、湿潤な地域が多い気候です。植生が豊かで、肥沃な土壌が分布し、農業に適しています。温帯気候は、人間の活動にも適した地域であり、人口密集地域となっています。

※最寒月平均気温－3℃以上〜18℃未満

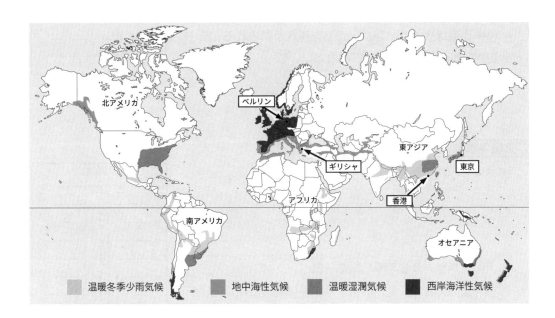

温暖冬季少雨気候　　地中海性気候　　温暖湿潤気候　　西岸海洋性気候

温暖湿潤気候（Cfa）　　※最暖月平均気温22℃以上

※代表都市：東京・上海（中国）

- ◉ 緯度30〜40度付近の大陸東岸に分布
- ◉ 夏は海洋の高温な大気の影響を受ける
    - ➡ 高温多雨、台風の襲来
- ◉ 冬は大陸の寒冷な大気の影響を受ける
    - ➡ 低温少雨
- ◉ 一年を通じて降水が見られる
- ◉ 四季の変化がはっきりしている
- ◉ 肥沃な褐色森林土やプレーリー土が分布
    - ※世界的な農業地域
        - ➡ 米国・アルゼンチン …… 小麦・トウモロコシ
        - ➡ 日本・中国 …… 稲作

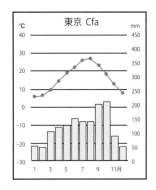

東京 Cfa

西岸海洋性気候（Cfb）　※最暖月平均気温 22℃未満

※代表都市：パリ（フランス）・ベルリン（ドイツ）

- 緯度 40 〜 60 度付近の大陸西岸に分布
- 一年中、偏西風の影響を受ける
  - ➡ 気温の年較差は比較的小さい
  - ➡ 雨量は多くないが、一定した降水が見られる
- 商業的混合農業や酪農が行われる

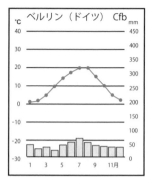

温暖冬季少雨気候（Cw）

※代表都市：香港（中国）

- 大陸東岸や内陸の高原地域に分布
- 季節風の影響で、夏は高温多雨。冬は温暖で弱い乾季がある

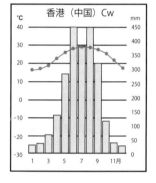

地中海性気候（Cs）

※代表都市：ローマ（イタリア）・サンフランシスコ（アメリカ）
　　　　　　ケープタウン（南アフリカ）・アテネ（ギリシャ）

- 緯度 30 〜 40 度付近の大陸西岸に分布
- 夏は高温乾燥
  - ➡ オリーブ（夏の乾燥に耐える硬葉樹）やブドウなどの果樹栽培
- 冬は温暖湿潤 ➡ 小麦・大麦・野菜

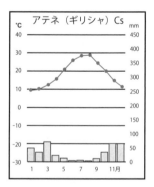

🔔 冷帯（D 気候）

　冷帯は、樹木が育つ気候のうち最も寒い気候です。冬は寒冷で長期間雪におおわれますが、夏は 10℃以上と温暖になり、気温の年較差は大きくなっています。

※最寒月平均気温−3℃未満、最暖月平均気温 10℃以上

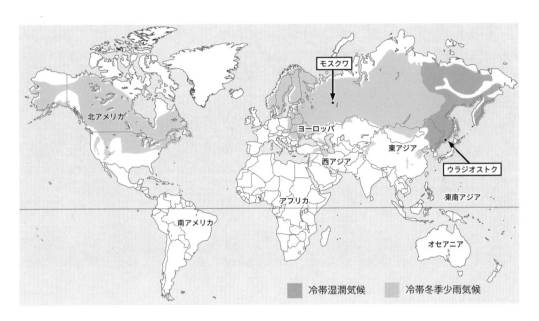

　　　　　　　　　　　　　　　　　　　　　　■ 冷帯湿潤気候　　□ 冷帯冬季少雨気候

冷帯湿潤気候（Df ）

※代表地域：モスクワ（ロシア）・札幌・モントリオール（カナダ）

◉ 比較的夏が長く、一年を通して降水（冬は降雪）がある

◉ 針葉樹と落葉広葉樹との混合林が分布

　　高床の建物 ➡ 永久凍土に熱が伝わるのを防ぐ

　　※永久凍土：地中の温度が 0℃以下の土壌

◉ 夏にトウモロコシや春小麦などを栽培

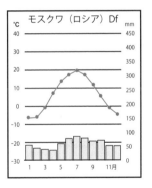

冷帯冬季少雨気候（Dw）

※代表地域：イルクーツク・ウラジオストク（ロシア）

◉ 夏が短く、冬は寒さが厳しい。雨は夏に降る

◉ タイガと呼ばれる針葉樹林が広がる

◉ 農業には適さない ➡ 世界的な林業地域が多い

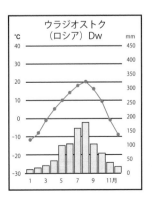

087

寒帯（E気候）

寒帯では、寒さが年中厳しく最暖月平均気温が低いため、樹木は見られません。

※最暖月平均気温0〜10℃未満

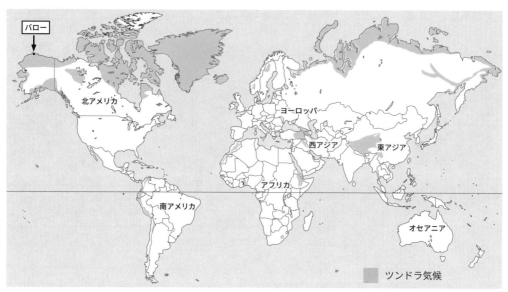

ツンドラ気候

ツンドラ気候（ET）

※代表都市：バロー（アメリカ）

● 夏には永久凍土の地表面の氷が溶けて、蘇苔類（コケ類）や地衣類（菌類）などが生育する

● 北方民族が生活している

　※北アメリカのイヌイット（エスキモー）➡ 狩猟

　※北ヨーロッパのサーミ ➡ トナカイの遊牧

● 基層が永久凍土であるツンドラ土 ➡ 農耕には不向き

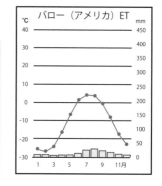

氷雪気候（EF）

※代表例：昭和基地（南極）・グリーンランド

● 最暖月平均気温が0℃未満

　➡ 一年中、氷雪におおわれている

● 南極やグリーンランドの地表面は大陸氷河（氷床）でおおわれている

● ここで通常の居住生活を営むことはできない

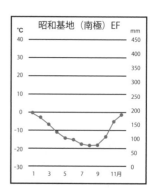

🌱 世界の農業

農業と気候との間には密接な関係があります。米・小麦・トウモロコシなど、世界にはさまざまな主食がありますが、それぞれ作物には栽培に適した気温・降水量・土壌があり、栽培が可能な範囲には土地の気候や土壌が大きく関係してきます。

> ◉ 年降水量 1,000mm 以上 ➡ 稲作が可能
> ◉ 年降水量 500mm 〜 1,000mm 未満 ➡ 畑作が可能

混合農業

中世ヨーロッパで広く行われた三圃式農業（耕地を三分し、その１つを休閑地として地力回復を図る輪作農法）に、家畜の飼育を取り入れて地力回復を図る農業です。

> ◉ 小麦などの食用作物と根菜類などの飼料作物の栽培に家畜の飼育を組み合わせた農業
> ◉ 現代では、農業の近代化にともない、土地生産性と労働生産性の高い商業的混合農業（飼料作物栽培と家畜飼育に重点を置く）に発展

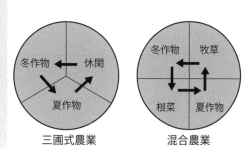

三圃式農業　　　　混合農業

酪農

酪農は、新大陸から安価な小麦が流入したことによって混合農業から分化した農業で、飼料作物を栽培して乳牛を飼育し、生乳や乳製品を生産します。食用作物の栽培に適さない冷涼な土地や生産性の低いやせ地などで酪農は発達しました。

※かつて氷河におおわれていた土地は養分がないため、作物が育ちにくい

地中海式農業

地中海性気候の地域に見られる農業です。夏には乾燥に強いオリーブ・ブドウ・オレンジなどの果樹を栽培し、冬には雨を利用して小麦などを栽培します。

企業的穀物農業

大型機械を使って広大な耕地で穀物を大規模に生産する農業です。とくに小麦を商品作物として単一耕作を行う地域が多くなっています。

※分布地域：北アメリカのプレーリー、アルゼンチンのパンパ、オーストラリアなど

企業的牧畜

肉牛や羊を大規模な牧場で飼育し、畜産物を生産する農業です。

※分布地域：アメリカ西部のグレートプレーンズ、オーストラリア内陸部、アルゼンチンのパンパ

アジア式畑作農業

年降水量が 1,000mm 未満のアジアの地域で行われている、ある面積の農地に対して多くの人手をかける労働集約型の畑作農業です。稲作が行われる地域に比べて乾燥しているため、干ばつの被害を受けやすく、収穫量はやや不安定なところがあります。小麦の栽培が中心ですが、綿花なども栽培されています。

※分布地域：小麦 ➡ 中国の華北　　綿花 ➡ インドのデカン高原

アジア式稲作農業

アジアの年降水量が 1,000mm 以上の主に沖積平野で行われている、労働集約型の稲作農業です。

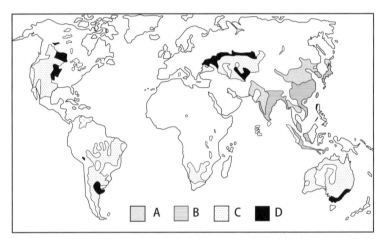

A ➡ アジア式畑作農業　B ➡ アジア式稲作農業　C ➡ 企業的牧畜　D ➡ 企業的穀物農業

焼畑農業

主に熱帯地域で行われる農業です。熱帯のやせた土地で農業をするために、森林や草原を焼き払い、その草木灰を肥料として、イモ類（ヤムイモ・タロイモ・キャッサバ）や雑穀を栽培します。人口増加にともなう食糧需要を満たすために自然回復力を上回る頻度で焼畑を行うと、環境破壊の原因となります。

プランテーション農業

欧米人の資本や技術を基に運営される大規模農園で、主に熱帯特産の単一栽培を行う農業です。世界の景気変動のあおりを受けやすく、経営の多角化が模索されています。

※分布地域：ブラジルのコーヒー豆・インドネシアの天然ゴム・アメリカの綿花など

 Step | 基礎問題

■ 各問の空欄に当てはまる語句をそれぞれ①〜③のうちから一つずつ選びなさい。

問1　ヨーロッパ西部が比較的高緯度にありながらも同緯度の地域よりも温暖である
理由は（　　　　）が低緯度の暖かい空気を運んでくるからである。
　　　① 貿易風　　② 季節風　　③ 偏西風

問2　熱帯気候の気候区分のうち、（　　　　）はスコール、高床式住居、ジャング
ルがキーワードとなる。
　　　① サバナ気候　　② 熱帯雨林気候　　③ 熱帯モンスーン気候

問3　乾燥帯気候の気候区分のうち、（　　　　）は乾燥、日干しレンガ、オアシス
がキーワードとなる。
　　　① 砂漠気候　　② サバナ気候　　③ ステップ気候

問4　温帯気候の気候区分のうち、（　　　　）は年中湿潤、四季の変化、日本の気
候帯がキーワードとなる。
　　　① 温暖湿潤気候　　② 西岸海洋性気候　　③ 地中海性気候

問5　温帯気候の気候区分のうち、（　　　　）は夏季乾燥、果樹栽培、硬葉樹がキー
ワードとなる。
　　　① 地中海性気候　　② 温暖冬季少雨気候　　③ 西岸海洋性気候

問6　冷帯気候の気候区分のうち、（　　　　）は、針葉樹と落葉広葉樹の混合林、高
床式工法、永久凍土がキーワードとなる。
　　　① 冷帯湿潤気候　　② 冷帯冬季少雨気候　　③ ツンドラ気候

問7　寒帯気候の気候区分のうち、（　　　　）は、永久凍土、イヌイット、トナカ
イの遊牧がキーワードとなる。
　　　① 氷雪気候　　② ステップ気候　　③ ツンドラ気候

 解　答
問1：③　問2：②　問3：①　問4：①　問5：①　問6：①　問7：③

問8　小麦などの食用作物と根菜類などの飼料作物の栽培に家畜の飼育を組み合わせた農業を（　　　　）という。
　　　　① 三圃式農業　　② 混合農業　　③ 酪農

問9　（　　　　）は、冷涼な土地や生産性の低いやせ地などでも可能で、飼料作物を栽培して乳牛を飼育し、生乳や乳製品の生産を行う。
　　　　① 企業的牧畜　　② 酪農　　③ 焼畑農業

問10　欧米人の資本や技術を基に運営される大規模農園で、主に熱帯特産の単一栽培を行う農業を（　　　　）という。
　　　　① プランテーション農業　　② 企業的穀物農業　　③ 焼畑農業

🔍 解　答
問8：②　問9：②　問10：①

Jump｜レベルアップ問題

（　）問中（　）問正解

■ 次の問いを読み、問1〜4に答えよ。

問1　タイシさんは、世界の伝統的な食生活に興味をもち、資料1と資料2を得た。資料1のA国は資料3中のア、イのいずれかの国であり、資料2のB国は資料3中のウ、エのいずれかの国である。それぞれの国の組合せとして最も適切なものを、あとの①〜④のうちから一つ選べ。〈高認 H. 29-1〉

資料1　A国の国民食「フェイジョアーダ」と料理・食材の由来

○食べ方

一般にフェイジョアーダはごはんにかけて、いためたキャッサバの粉と一緒に食べる。オレンジは口直しに食べる。

○料理・食材の由来

フェイジョアーダ：かつて海外から奴隷として連れて来られた人たちがつくり出した料理で、豚の耳、皮、足、尻尾などを豆と一緒に煮込んだのが始まり。

ごはん：ポルトガル人が米を持ちこんだ。

キャッサバ：先住民のインディオが栽培し、主食にしていた。

オレンジ：イタリア人が米や小麦栽培とともに発展させた。

資料2　B国の料理と影響を与えた国

○中国の影響

古くより中国からの様々な文化的影響を受け、生春巻きや米粉蒸しなど、点心のような料理が多い。また、フォーという米粉を使った麺料理が特徴。

○フランスの影響

かつてフランスの植民地だったことから、右の図のようなパンをよく食べる。朝ごはん

をパン食にしている人も少なくない。コーヒー栽培に適した気候で、生産も盛んであり、コーヒーをよく飲む。

（『絵本世界の食事』により作成）

093

資料3

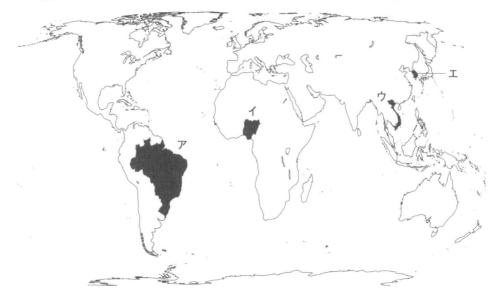

① ア　　　ウ
② ア　　　エ
③ イ　　　ウ
④ イ　　　エ

問2　気候と、それに適した農業に関する説明として適切なものを、次の①〜④のう
　　　ちから一つ選べ。

① 赤道近くに分布する熱帯は降水量が少ないため、灌漑を利用した小麦の生産が行
　われている。
② 地中海沿岸に位置する地域で見られる地中海性気候の地域では、夏の高温・乾燥
　に強い作物であるオリーブやかんきつ類が生産されている。
③ 温帯のうち、降水量が多い地域では小麦、少ない地域では米が生産されている。
④ 冷帯では夏の温暖な気候を生かして、カカオ豆の栽培を行っている。

問3　コウタさんは、高床式住居に興味を持ち、資料4〜資料6を得た。資料5中の
アとイ、資料6中のAとBは、それぞれ資料4中のシェムリアップとヤクーツ
クのいずれかの雨温図、高床式住居を示している。このうち、ヤクーツクに当
てはまるものの組合せとして最も適切なものを、あとの①〜④のうちから一つ
選べ。〈高認 H. 30-2〉

資料4

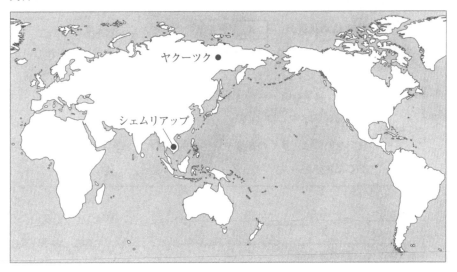

資料5　2地点の雨温図

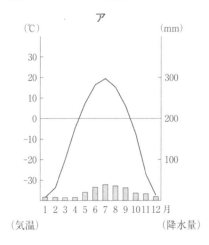

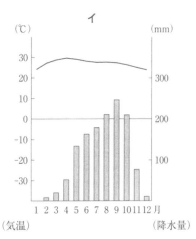

（気象庁資料などにより作成）

資料6　2地点の高床式住居(写真とその説明)

A

夏季の河川の増水に備え，家屋内への浸水を防ぐために高床式にしている。

B

暖房などの生活熱が地下に伝わり，凍土が解けて建物が倒壊するのを防ぐために高床式にしている。

(http://blog.livedoor.jp/hipparimochi/archives/2009-02.html?p=2 により作成)

	①	②	③	④
雨温図	ア	ア	イ	イ
高床式住居	A	B	A	B

問4　気候と人々の生活に関する写真を見ながら、生徒が話をしている。4人の生徒の発言のうち、**不適切なもの**を、あとの①〜④のうちから一つ選べ。

サチコ：この写真を見ると、短い草が生えた草原で放牧をしているようです。ここは農業に適さない寒い土地か、乾燥した土地だと思われます。

ナ　ミ：この写真には、針葉樹林の広大な森が写っています。これは高緯度の国で撮られた写真であり、木の伐採をしている写真もあることから、豊かな森林資源を生かしたパルプの生産が得意な国なのではないでしょうか？

サトミ：さなざまな国の伝統的な食文化を見ると、その国で栽培しやすい作物を利用していることがわかります。たとえばこの写真にはドイツの伝統的な料理が写っていて、この料理には豚肉やじゃかいもが利用されています。このことから、ドイツは豚の飼育やじゃがいもの栽培が得意であると予測できます。

アキラ：この写真には、木や葉によってつくられた家が写っています。この家は高床であり、風通しをよくする工夫がされていることから、砂漠気候の地域で撮影されたと考えられます。

　　　　① サチコ　　② ナミ　　③ サトミ　　④ アキラ

🔑 解答・解説

問 1 : ①

　資料 1 から A を考えます。「奴隷として連れて来られた」や「先住民のインディオ」とありますから、南北アメリカ大陸の国で、そのなかでも「ポルトガル」の影響が強いのは、アのブラジルです。資料 2 から B を考えます。ウのベトナムもエの韓国も長い間中国の冊封体制のもとにありましたから、中国の強い影響を受けています。しかし、「フランスの植民地」だったのはベトナムで、「フォー」や「コーヒー」はベトナムの代表的な食品ですから、こちらはウのベトナムです。

問 2 : ②

　①について、熱帯は赤道近くに分布し、太陽の熱を多く受けることから海水が水蒸気となりやすく、降水量が多いという特徴があります。また、土の栄養分が雨によって流されるため、やせた土地でも栽培できるヤムイモ・タロイモ・キャッサバなどの栽培が行われています。なお、灌漑を利用した小麦の生産が行われているのは乾燥帯です。③について、温帯のうち、降水量が多い地域では米、少ない地域では小麦が生産されています。④について、カカオ豆は熱帯で生産される作物です。したがって、正解は②です。

問 3 : ②

　ヤクーツクは冷帯、シェムリアップは熱帯にあります。資料 5 の雨温図は、アは冬季の気候が非常に低いことからヤクーツク、イは一年を通して気温が高く雨の多い時期があることからシェムリアップだとわかります。資料 6 では、A は夏季に雨が増え、河川が増水することからシェムリアップ、B は凍土などの説明からヤクーツクだとわかります。したがって、ヤクーツクの雨温図がア、高床式住居が B となり、②が正解になります。

問 4 : ④

　①について、放牧は寒さや乾燥などで農業に適さない土地で見られます。よって、①は正しいです。②について、針葉樹林は冷帯に広く見られる植物であり、冷帯は農業に適さない地域が多いことから、森林資源を活用した林業やパルプの生産が得意な国が多くなっています。よって、②は正しいです。③について、各国の伝統的な食文化や主食は、その国や地域で生産されてきた作物の影響を大きく受けています。よって、③は正しいです。④について、木や葉によって家がつくられていることから、写真の地域は植生が豊かであると考えられます。乾燥帯は植物が育ちにくく、建材として木材を入手しづらいことから、土やレンガで家がつくられています。よって、不適切なのは④であり、正解は④となります。

3. 世界の人口と諸問題

世界の人口は第二次世界大戦後から急激に増加しました。人口が増加したことによって生じているさまざまな問題と、自然の開発にともなう環境問題について、理解を深めていきましょう。

Hop | 重要事項

世界の人口

　世界の人口は増加し続けており、現在は 80 億人以上に達しました。大陸別の人口ではアジアが最も多く、なかでも中国とインドの人口が突出して多くなっています。人口の分布には偏りが見られ、人口密集地域はアジアや人が暮らしやすい温帯に集中しています。

資料　人口密度（人/km²）

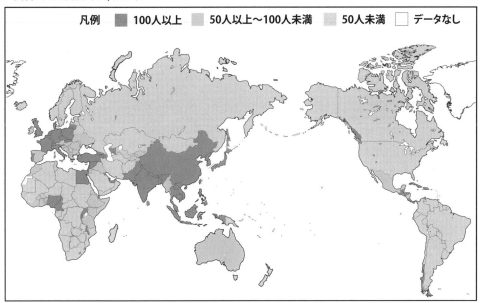

凡例　100人以上　50人以上～100人未満　50人未満　データなし

※アジアは人口密度 100 人 /km² 以上の国が多い。ヨーロッパでは 50 人 /km² 以上の国が多い
国際連合「世界の推計人口」(2022年)より作成

《世界の人口ランキング（上位10位）》

1位	インド	約14.3億人
2位	中国	約14.3億人
3位	アメリカ	約3.4億人
4位	インドネシア	約2.8億人
5位	パキスタン	約2.4億人
6位	ナイジェリア	約2.2億人
7位	ブラジル	約2.2億人
8位	バングラデシュ	約1.7億人
9位	ロシア	約1.4億人
10位	メキシコ	約1.3億人

国連人口基金「世界人口白書2023」より作成

アジアの人口がとくに多いですね。人口増加率はアフリカが最も高くなっています。ちなみに日本は12位(約1.2億人)です。

《世界の人口増加の流れ》

19世紀半ば：世界の人口は約10億人

1950年：約25.3億人 …… 第二次世界大戦以降、とくに顕著な増加

1980年：約44.6億人

2050年：約97億人（将来推計人口）

人口問題

　世界の人口は増え続けており、今後さらに増えていくと予測されています。人が住める場所や得られる水と食糧には限界があるため、人口が増え続けることによって最低限の食・住さえ満たせない人が増加する可能性があります。

　人口問題は地域によって抱えている課題が異なります。発展途上国では人口増加が著しいことが問題となっている一方で、先進国では少子高齢化が問題となっています。

《各地域で抱える人口問題》

◉ 発展途上国 …… 労働力として子どもを多くもつ特徴がある。かつては衛生環境の悪さや感染症により乳幼児死亡率が高かったが、医療の改善によって出生率が高いまま死亡率が急減し、人口が増加（人口爆発）

　➡ 貧困や食糧不足などが解消されない

◉ 先進国 …… 少子高齢化問題。人口構成のバランスが崩れると、将来の産業・経済に悪影響となる（少子化は韓国・台湾・シンガポールなどの東アジア諸国においても進行している）

国際的な人口移動

　人口は出生数や死亡数による増減だけではなく、人々が地域や国家間を移動することによっても変化します。20世紀後半になると、発展途上国の人々が賃金水準の高い先進国へ移住したり、出稼ぎに出たりする移民が増加しました。また、紛争や政治的理由により、祖国を離れる難民も増加しています。

🔔 都市問題

　都市とは、政治や経済の中心となる地域で、多くの人口が集中します。都市は多くのモノやサービスが集中し、雇用も多いことから、とくに発展途上国では農村部から都市に多くの人口が集中し、居住環境が悪化する問題が起こっています。

《 主な都市問題 》

- ドーナツ化現象 …… 都心部における地価の高騰などにより、都心部から近郊へ人口が流出し、その周りの地域が都市化すること。ドーナツのように都市の中心部が空洞化した状態となる
- スプロール化現象 …… 都市近郊の農地で都市化が進行し、市街地が虫食い状に広がる現象
- インナーシティ問題 …… ドーナツ化現象により人口が減少した都心部において見られる、建物の老朽化、環境悪化、低所得者層が取り残されるなどといった諸問題
- スラム化 …… 人口爆発や人口の流入などにより、不法占拠地区が形成されること

関 連 用 語

- 過疎 …… 村や町などから人口が流出し、人口が減少している状態のこと
- 少子高齢化 …… 子どもの数が減少し、高齢者の数が増加する現象
- 限界集落 …… 過疎化や少子高齢化により、社会生活の維持が困難となっている村や町のこと。限界集落は主に高齢者人口が多く、働き手不足や買い物の困難などの問題が生じている

🔖 環境問題

　人口増加にともない、人々の経済活動はより活発になりました。その一方で、自然から得られる石炭や石油などの化石燃料の使用による地球温暖化や、開発を目的とした森林伐採による自然破壊などの環境問題が深刻化しています。

地球温暖化

　地球全体の温度が上昇する現象で、海面上昇や異常気象が発生し、生態系や農作物などにさまざまな悪影響を与えます。インド洋のモルディブや南太平洋のツバルなど、海抜の低い国々などでは、国土の水没が懸念されています。

原因 ➡	化石燃料の燃焼による二酸化炭素（CO_2）などの温室効果ガスの排出 ※二酸化炭素は地球から熱が放散されるのを妨げる
対策 ➡	京都議定書（1997 年）…… 先進国の CO_2 排出量削減目標を設定 パリ協定（2015 年）…… 先進国だけでなく発展途上国も含めたすべての参加国が削減目標を設定

酸性雨

　ph5.6 以下の酸性の雨が降ると、土壌や川が酸性化してしまいます。化石燃料の燃焼により大気中に放出された硫黄酸化物や窒素酸化物が原因とされています。近年では経済活動が活発な中国、ヨーロッパでは東ヨーロッパで被害が深刻化しています。

オゾン層の破壊

　オゾン層は有害な紫外線が地上に届くのを防いでいます。オゾン層が破壊されると、皮膚ガンの増加や作物への悪影響が発生します。

原因 ➡	フロンガスの放出（スプレー・クーラー・冷蔵庫などに使用されていた）
対策 ➡	モントリオール議定書でフロンガスの全廃を決定（1987 年採択）

　オゾン層はとくに南極の上空で薄くなっており、オゾン層に穴の空いたような形状であることからオゾンホールと呼ばれています。オゾン層を保護する取り組みによりオゾンホールの拡大は止まりましたが、南極に近いオーストラリアでは今でも紫外線対策が欠かせません。

🔖 砂漠化

気候や人々の活動を原因として、乾燥地帯・半乾燥地帯の土地の劣化が起こり、植生の見られない砂漠のような状態になってしまう現象です。アフリカのサハラ砂漠南部に広がるサヘル地域は砂漠化が最も進んでいる地域です。

> 原因 ➡ 気候変動による降水量の減少や人口増加にともなう過耕作、過放牧、過伐採
> などの人的要因

《 主な砂漠の分布 》

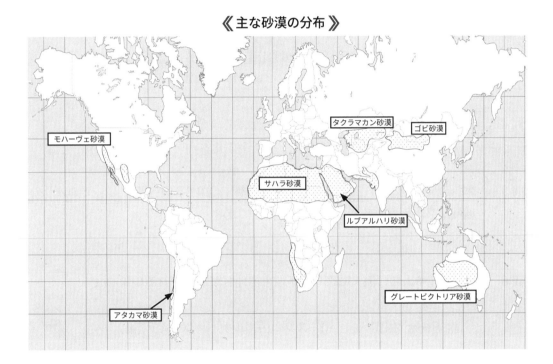

🔖 森林破壊

輸出用の木材伐採や農地を切り開くための森林伐採などを原因として、森林が破壊される現象です。森林伐採は生態系に大きな影響を与えるだけではありません。植物は二酸化炭素を吸収したり、土壌に根を張ったりすることで土砂の流出や洪水を防ぐ役割もあります。現在、世界では森林の保全が求められています。

《 世界の主な森林減少地域 》

- ◉ 南アメリカ ……… ブラジルのアマゾン川流域では森林を伐採し、農地や牧場への転換が進んでいる
- ◉ 東南アジア ……… 日本向け輸出用木材の伐採やエビの養殖池をつくるためにマングローブ林の伐採が行われている。また、油ヤシや天然ゴムなどのプランテーション農園への転換が進んでいる

Step｜基礎問題

（　　）問中（　　）問正解

■ 各問の空欄に当てはまる語句をそれぞれ①〜③のうちから一つずつ選びなさい。

問1　世界の人口は 2023 年には約（　　　　）人を超えた。
　　　　① 55 億　　② 66 億　　③ 80 億

問2　大陸別で人口が最も多い地域は（　　　　）である。
　　　　① ヨーロッパ　　② アジア　　③ アフリカ

問3　大陸別で人口増加率が最も高い地域は（　　　　）である。
　　　　① ヨーロッパ　　② アジア　　③ アフリカ

問4　子どもの数が減少し、高齢者の数が増加する現象を（　　　　）という。
　　　　① 少子高齢化　　② 高齢化　　③ 少子化

問5　都心部から近郊へ人口が流出することで都市の中心部が空洞化し、その周りの
　　　地域が都市化する現象を（　　　　）という。
　　　　① ドーナツ化現象　　② スプロール現象　　③ スラム化

問6　人口爆発や人口の流入により、不法占拠地区が形成される現象を（　　　　）
　　　という。
　　　　① ドーナツ化現象　　② スプロール現象　　③ スラム化

問7　地球の温暖化は、（　　　　）や世界規模の異常気象をもたらす。
　　　　① 皮膚ガンの増加　　② 海面の上昇　　③ オゾン層の破壊

解　答

問1：③　問2：②　問3：③　問4：①　問5：①　問6：③　問7：②

問8　砂漠化が最も進んでいるアフリカの地域を（　　　　　）といい、砂漠化の進行
を食い止めるための対策として植林が行われている。
　　　　① サヘル　　② アマゾン　　③ サバナ

問9　オゾン層がとくに薄い場所をオゾンホールと呼び、（　　　　　）付近に見られる。
　　　　① 北極上空　　② 南極上空　　③ インド洋上空

問10　森林減少が著しい（　　　　　）では、熱帯雨林を切り開いて農地や牧場などへ
の転換が進んでいる。
　　　　① 東アジアと北アメリカ　　　② 東南アジアと南アメリカ
　　　　③ 西アジアとヨーロッパ

 解　答
問8：①　問9：②　問10：②

■ 次の問いを読み、問1と問2に答えよ。

問1　アサミさんは、インドと中華人民共和国の人口の変化に興味を持ち、資料1〜資料3を得た。資料2中のア、イおよび資料3中のウ、エは、それぞれインド、中華人民共和国のいずれかに関するものである。アサミさんと先生の会話文中の空欄　X　、　Y　に当てはまる記号の組合せとして最も適切なものをあとの①〜④のうちから一つ選べ。〈高認 H. 29-2〉

資料1　インドと中華人民共和国の人口の推移

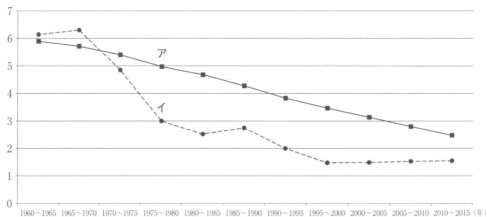

注）2015年以降は，予測値を示している。

資料2　インドと中華人民共和国の合計特殊出生率の推移

注）合計特殊出生率とは，一人の女性が一生の間に産む子どもの数を示す。

（「国際連合・世界人口予測 1960-2060　2015年改訂版」により作成）

資料3　インドと中華人民共和国の人口ピラミッド(1960年，2015年)

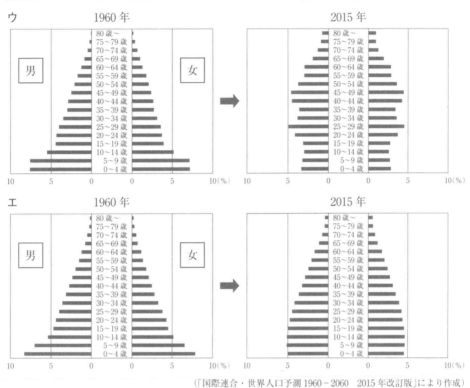

(「国際連合・世界人口予測1960−2060　2015年改訂版」により作成)

先　生：インドは資料1で示されているように、2025年には中華人民共和国の人口を越すと予測されていますが、なぜでしょうか。資料を基に考えてみましょう。

アサミ：資料2から両国の合計特殊出生率について、1960年〜1965年と2010年〜2015年を比較すると、2か国ともに低下していますが、人口政策が合計特殊出生率に直接的な影響を与えていると考えられる　X　が中華人民共和国です。

先　生：そのようですね。次に資料3から、人口ピラミッドを比較してみましょう。

アサミ：2か国の2015年の14歳以下の人口の割合を比較すると、少子化が著しい　Y　の方が、中華人民共和国であると思います。

先　生：そうですね。資料を基に考えることができましたね。

	X	Y
①	ア	ウ
②	ア	エ
③	イ	ウ
④	イ	エ

問 2　　タクマさんは、世界的な気候変動に関わり、資料 4 〜資料 6 を得た。これらの
資料に関する先生とタクマさんの会話文中の　 A 　〜 C 　に当てはまる語句
の組合せとして最も適切なものを、あとの①〜④のうちから一つ選べ。

〈高認 R. 1-1〉

資料 4　サヘルの分布

赤道

サヘル

0　1000 km

（https://www.esrl.noaa.gov/news/2005/sahel/ により作成）

資料 5　サヘルにおける年降水量の変化

(mm)

1901　　　1911　　　1921　　　1931　　　1941　　　1951　　　1961　　　1971　　　1981　　　1991　　　2001　　　2011 2017 (年)

注）降水量の値は概ね北緯 10〜20 度，東経 10〜20 度の範囲における，1900〜2017 年の平均値を 0 としたときの降
水量の差を示している。

（http://research.jisao.washington.edu/data/sahel/ により作成）

資料6　アフリカの国別人口増加率（2010〜2015 年）

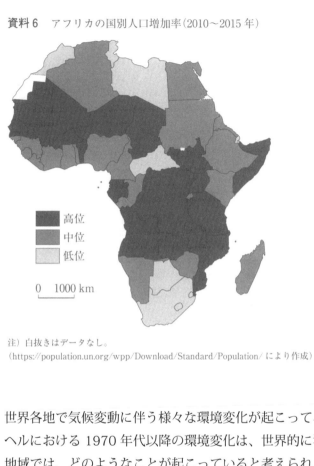

高位
中位
低位

0　1000 km

注）白抜きはデータなし。
（https://population.un.org/wpp/Download/Standard/Population/ により作成）

先　生：世界各地で気候変動に伴う様々な環境変化が起こっており、特にアフリカのサ
　　　　ヘルにおける 1970 年代以降の環境変化は、世界的に注目されています。この
　　　　地域では、どのようなことが起こっていると考えられますか。

タクマ：資料5を見ると、サヘルでは 1970 年代から 1980 年代にかけて大規模な　A
　　　　に見舞われることが多かったのではないでしょうか。

先　生：そうですね。それは環境変化の大きな要因の１つです。そのような自然的要因
　　　　以外に、環境変化を引き起こす要因は考えられますか。

タクマ：資料6を見ると、この地域はアフリカの中でも人口増加率の高い国が含まれて
　　　　いることが分かりますね。そうすると、主に　B　などして、植生が元に戻
　　　　らなくなってしまった結果、　C　が進んでいるのではないかと思います。

先　生：そうですね。　C　などの環境変化は、自然的要因、人為的要因が複雑に絡
　　　　んで起こっており、現在、その防止に向け様々な取組が行われています。

	A	B	C
①	干ばつ	新たな産業として、木材の過剰な伐採が行われる	森林破壊
②	干ばつ	食料生産を増やすため、過剰な放牧や耕作が行われる	砂漠化
③	洪水	新たな産業として、木材の過剰な伐採が行われる	森林破壊
④	洪水	食料生産を増やすため、過剰な放牧や耕作が行われる	砂漠化

109

🔐 解答・解説

問 1 ：③

　Xについて、中国は 1979 年から 2015 年まで一人っ子政策がとられていました。よって、1970 年ごろから急激に合計特殊出生率が下がっている「イ」が中国であることがわかります。Yは「少子化が著しい」人口ピラミッドを選びます。ウとエの人口ピラミッドについて、2015 年の 14 歳以下の人口の割合を見ると、ウの人口ピラミッドのほうが少ないことがわかります。よって、ウが中国だとわかり、Yには「ウ」が当てはまります。したがって、正解は③となります。

問 2 ：②

　Aについて、資料 5 を見ると、サヘルにおける年降水量の変化を見ることができます。このグラフは注にあるとおり、1900 〜 2017 年の平均値を 0 としたときの降水量の差を示しています。1970 年代から 1980 年代にかけては 0 よりマイナスの数値となっていますので、年降水量が平均を大幅に下回っていることがわかります。つまり、雨が非常に少なかったと考えられますので、この期間でサヘルでは土地が干上がってしまう「干ばつ」が起きたと考えられます。B・Cについて、サヘルには草原の広がる場所もあり、放牧や耕作も行われていましたが、それが過剰であったことで砂漠化が進みました。資料 6 を見ると、サヘルの地域は人口増加率が高位であることがわかりますので、人口増加にともない多くの食糧が必要になったと考えられます。よって、Bには「食料生産を増やすため、過剰な放牧や耕作が行われる」、Cには「砂漠化」が当てはまります。したがって、正解は②となります。

第3章
世界の諸地域の生活・文化

1. 南北アメリカ

第3章からは世界の諸地域の生活や文化について学んでいきます。試験では細かく暗記していなければ解けないような問題はあまり出題されません。赤字に気を付けながら読み進めていき、各地域の特徴の概要をつかむようにしましょう。

🚩 Hop │ 重要事項

💡 北アメリカの地図を見てみよう！

　北アメリカは別名アングロアメリカとも呼ばれています。イギリスに対して西（西半球）に位置し、日本と同じ北半球に大陸があります。アメリカ合衆国とカナダという大きな国があり、アメリカ合衆国の南にはメキシコを含む中央アメリカと南アメリカが位置しています。まずはそれぞれの国の位置と首都の位置を確認しましょう。

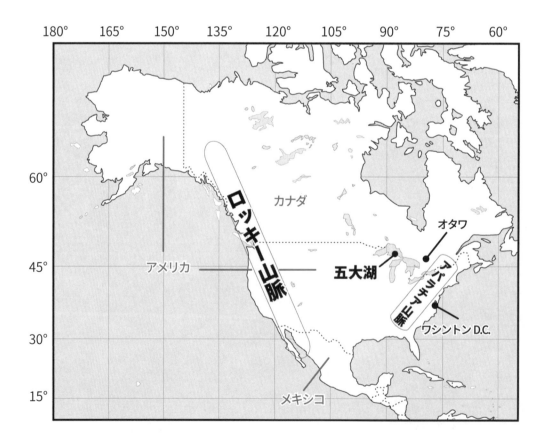

🔍 北アメリカの地形と気候

北アメリカの地形

　北アメリカ大陸の西側にはロッキー山脈があり、標高 4,000m を超える山々が約 4,800m も連なっています。新期造山帯であることから、地震が多いエリアです。アパラチア山脈は古期造山帯であり、石炭が産出されます。この 2 つの山脈の間には広大な平原が広がっています。また、高緯度の地域には氷河地形が見られ、左ページの地図に見られる五大湖は氷河の侵食によって形成された氷河湖です。

北アメリカの気候

　高緯度に位置するカナダの大部分は冷帯に属します。北極に近い地域はツンドラ気候であり、先住民族であるエスキモー（イヌイット）が暮らしています。アメリカ合衆国は西経 100 度を境に東は湿潤、西は乾燥した気候となっており、気候に合わせた農業が発展しています。

- ◉ 大陸の西側にロッキー山脈 ➡ 急峻な山。新期造山帯
- ◉ 大陸の東側にアパラチア山脈 ➡ 古期造山帯で、石炭が産出される
- ◉ 山脈の間には大平原。アメリカ合衆国では大規模な農業や酪農が行われている
- ◉ 西経 100 度より西は乾燥地域、東は湿潤地域
- ◉ カナダの大部分は冷帯。北極海に近い地域はツンドラ気候となっている
- ◉ アメリカ合衆国とカナダの国境地域には五大湖がある

関連用語

- ◉ ハリケーン …… 最大風速の強い熱帯低気圧で、北アメリカはたびたび大きな被害を受けている
- ◉ ネイティブアメリカン …… アメリカンインディアンやエスキモーなど、北アメリカの先住民のこと

アメリカ

　50 の州による連邦国家です。先進技術の開発がさかんで世界の経済をリードしています。経済大国であると同時に農業大国でもあり、トウモロコシの生産上位国です。アメリカ独立宣言当時は 13 州でしたが、その後、割譲・侵略・買収を経て現在の大きさ（50 州）となっています。

> アメリカ合衆国は国土が広いため、それぞれの州が憲法をもち、自律性が非常に高くなっています。アメリカの国土拡大の経緯については、「歴史」の科目で学ぶことができますよ！

アメリカ合衆国を構成する民族と移民

　現在、アメリカ合衆国には多様な人種がいますが、もともとはネイティブアメリカン（アメリカ先住民）がその地に合わせた生活を営んで暮らしていました。近年はヒスパニック（スペイン語を話すラテンアメリカ系）やアジア系の人種も増加しており、南部の綿花プランテーション地域にはアフリカ系、メキシコ国境付近にはヒスパニック、太平洋沿岸地域にはアジア系の住民が多くなっています。

《 アメリカと移民の歴史 》

16 世紀〜 …… ヨーロッパからの移民がはじまる
　　　　　　植民地支配の広がりとともに、ネイティブアメリカンは西の地域へ追いやられる
17 〜 18 世紀 …… 労働力としてアフリカから黒人が奴隷として連れてこられる
20 世紀後半〜 …… アジアやラテンアメリカからの移民が増加

関 連 用 語

◉ 人種のサラダボウル …… さまざまな民族が生活するなかで、お互いの文化を尊重しながら共生をめざしていこうとする考え
◉ WASP …… アメリカで多数を占める北西ヨーロッパ系白人のエリート層。アメリカの政治や文化、経済を支配し、アメリカの発展に大きな影響を与えた

農業

　アメリカ合衆国では、それぞれの地域の気候や地域性に合わせた農業が発達しています。また、1人当たりの耕作面積が広いことから大型機械を用いた大規模な経営が行われてきました。下に農業のおおよその分布を記載していますので、参考程度にざっと目を通しておきましょう。

📖 **参 考** アメリカ合衆国の農業
- ◉ トウモロコシ地帯（コーンベルト）…… 温暖湿潤な気候と肥沃な土地を活かし、トウモロコシや大豆の栽培がさかん　※五大湖南西部
- ◉ 綿花地帯（コットンベルト）…… 綿花栽培地帯でアメリカ南部に位置する。南部は黒人奴隷の労働力を用いて歴史的に綿花プランテーションが行われてきた
- ◉ カリフォルニア州 …… 地中海性気候（Cs）。オレンジなどの果樹栽培がさかん
- ◉ グレートプレーンズ …… ロッキー山脈の東の大平原。ステップ気候（BS）だが、灌漑によって小麦やトウモロコシの大規模栽培や企業的牧畜が行われている
- ◉ プレーリー …… 中央部に広がる大草原。肥沃な土地を利用し、企業的穀物農業が行われている
- ◉ 五大湖周辺 …… 冷涼で土壌のやせた地域であり、農業よりも酪農が発達している

工業

　巨大な資本に加えて豊富な地下資源や労働力を背景に、鉄鋼業、自動車工業、航空機・宇宙産業、先端技術産業が発達しています。とくに、サンベルトと呼ばれるアメリカ南部および太平洋沿岸の工業地域では、エレクトロニクス産業や宇宙産業などの先端技術産業が進んでおり、経済成長を続けています。

📖 **参 考** アメリカ合衆国の産業における工業地帯
- ◉ ボストン …… エレクトロニクス産業
- ◉ ニューヨーク …… 出版・印刷業
- ◉ 五大湖沿岸 …… デトロイトの自動車産業
- ◉ シリコンバレー …… サンフランシスコ南東部。半導体やコンピュータなどの先端技術の中心地
- ◉ シリコンプレーン …… アメリカ中南部のヒューストンにはNASA（アメリカ航空宇宙局）があり、宇宙産業が発達している

🔍 カナダ

　カナダの面積はロシアに次ぐ世界第2位ですが、人口は日本の3分の1程度です。雄大な自然が残されており、観光業もさかんです。

　公用語は英語とフランス語です。フランス語が主に使われている地域はケベック州です（ケベック州ではフランス系住民が大多数を占めています）。

カナダといえば何をイメージしますか？
私は国旗のシンボルでもあるメープルをイメージします。

経済

　カナダはアメリカ・メキシコ・カナダ協定（USMCA）に加盟しており、経済や文化についてはアメリカとの関係が密接となっています（カナダの輸出最大国もアメリカです）。また、森林資源や地下資源が豊富な国でもあります。

- ⦿ 経済的にも文化的にもアメリカと密接な関係にある
- ⦿ 資源に恵まれている
  - ➡ 鉄鉱石・原油・天然ガスが産出される
  - ➡ 森林資源に恵まれ、木材・パルプの輸出国
  - ➡ 水資源が豊富
  - ➡ 水力発電を利用したアルミニウムの輸出は世界上位

気候と農業

　カナダの農業はアメリカと似ており、大規模な牧畜や小麦の栽培がさかんとなっています。また、冷涼な気候であるため、人口の多くは国土の低緯度地域（アメリカとの国境沿い）に集中しています。

- ⦿ カナダ中部で小麦栽培 ➡ 小麦輸出の世界上位国
- ⦿ 冷涼な気候で、人口はアメリカ国境沿いに集中している

🔎 南アメリカの地図を見てみよう！

　南アメリカは別名ラテンアメリカとも呼ばれています。北アメリカの南に位置しており、メキシコから赤道を挟んで南北に広がる地域となっています。以下の地図では、地理や歴史を学ぶうえで参考となる国を記載しています。国の位置とアマゾン川の位置を確認しておきましょう。

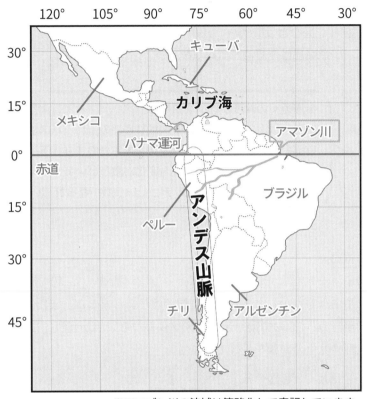

※アマゾン川の流域は簡略化して表記しています。

「日本の地球の裏側はブラジル！」と聞いたことはありませんか？　ブラジルとアルゼンチンの東あたりが日本の対蹠点です。南アメリカの多くは南半球に位置しているため、日本と季節が逆の国が多くなっています。

🖊 南アメリカの地形と気候

南アメリカの地形

　西側には新期造山帯に属するアンデス山脈があり、標高6,000 mを超える山々が連なっています。アマゾン川は流域面積世界第1位の川です。アマゾン川流域にはセルバと呼ばれる熱帯雨林が広がっていますが、近年は農地や放牧地の開発が原因で森林破壊が進んでいます。また、ブラジル高原にはカンポと呼ばれる熱帯平原が広がっています。

南アメリカの気候

　南アメリカは赤道をまたいで南北に広がり、アンデス山脈があることから、緯度や標高によって気候が分かれています。また、南極に近いチリ北部では氷河を見ることができます。

- ◉ アマゾン川流域 …… 赤道上に位置しているため、熱帯雨林気候（Af）。年中雨が多く、気温の年較差が少ない
- ◉ 熱帯雨林気候を囲むようにサバナ気候（Aw）の地域が分布
- ◉ アルゼンチン北東部は温暖湿潤気候（Cfa）

赤道近くの緯度が低い場所でも、アンデス山脈のように標高の高いところは涼しいんですよ！　ボリビアの首都ラパスやエクアドルの首都キトは標高2,500m以上の場所にあります。アンデス山脈で標高が高いところは1日の気温変化が激しいので、日中の日差しと夜の寒さを避けるためにポンチョという服が着られています！

南アメリカの特色

　南アメリカにはもともと先住民族であるインディオが暮らしていましたが、16世紀頃にスペインやポルトガルによる植民地支配がはじまりました。また、大土地所有制による農業経営が行われ、その労働力としてアフリカから奴隷が連れてこられたことから、さまざまな人種や文化の影響を受けています。

- ◉ 言語 …… ほとんどの国の公用語はスペイン語だが、ブラジルはポルトガル語
  　　　　　　※過去に主にスペインとポルトガルが中南米を支配し、多くのラテン系
  　　　　　　民族が移り住んだため
- ◉ 宗教 …… キリスト教徒が多い
- ◉ 人種・民族 …… 混血が進み、複雑な民族構成となっている
  　　　　　　（先住民のインディヘナ、スペイン・ポルトガル系白人と先住民
  　　　　　　の混血であるメスチソ、白人と黒人との混血であるムラートなど）
- ◉ アンデス山脈と農業 …… ペルーなどアンデス山脈が走る国は標高によって気温が
  　　　　　　変化するため、高度によって栽培する作物が異なる
  　　　　　　➡ 低地：サトウキビやバナナなど
  　　　　　　➡ 高地：ジャガイモや小麦など
  　　　　　　➡ 農業が難しい高地ではリャマやアルパカの放牧

📖 参　考 大土地所有制
大規模な農園に多くの労働者を雇って行う農業で、農園主が運営を管理する農業経営のこと

💡 ブラジル

　南アメリカ大陸最大の国土をもつ国です。南北アメリカ大陸で唯一ポルトガル語を公用語とする国であり、中南米第一の工業国です。日本を含む多くの移民がおり、サッカー強豪国としても有名です。毎年2月頃にカーニバルが行われ、期間中は国中を挙げて徹夜でサンバのリズムに乗って踊ります（リオのカーニバルが有名です）。

農業

　大土地所有制により栽培されてきた作物の栽培を受け継いでおり、近年は大型機械を導入し、広大な農園で作物を栽培しています。また、燃料となるバイオエタノールの原料となる、さとうきびの栽培が拡大しています。

- ◉ ファゼンダで行われるモノカルチャー
  - ➡ コーヒー豆の栽培、大豆・綿花・とうもろこし・さとうきびの生産
- ◉ 牛の飼育頭数は世界上位で、牛肉料理も有名

関連用語

- ◉ ファゼンダ …… ブラジルにおける大土地所有制に基づく大農園のこと
- ◉ モノカルチャー …… 単一耕作で、得意なものだけを作ること。ブラジルは、以前は主にコーヒーを生産していたが、コーヒーは奢侈品（しゃし）のため、世界恐慌によって大打撃を受けた

工業

　1990年代以降に安定成長を遂げ、現在ではロシア・インド・中華人民共和国・南アフリカ共和国と並んでBRICSと呼ばれる新興経済国群の一角に挙げられるまでに経済状態が復活しました。重化学工業が発達しており、機械類・鉄鋼・自動車の輸出をしています。

💡 アルゼンチン

　国土は南北に3,500km以上の長さに及び、西にはアンデス山脈、東にはパンパと呼ばれる温帯草原が広がります。住民の大部分はヨーロッパ系の白人です。タンゴ発祥の地といわれています。また、高緯度の南端では氷河が見られます。

- ◉ パンパの西側：乾燥 ➡ 羊の放牧
- ◉ パンパの東側：湿潤 ➡ 小麦・トウモロコシ・大豆の栽培がさかん
  　　　　　　　　　　（小麦については世界有数の生産国）

119

Step ｜ 基礎問題

■ 各問の空欄に当てはまる語句をそれぞれ①〜③のうちから一つずつ選びなさい。

問 1　北アメリカには、アメリカとカナダの国境をまたぐ位置に（　　　　）がある。
　　　　　① 五大湖　　② グレートベア湖　　③ ヴィクトリア湖

問 2　アメリカの移民のうち、アジア系が多いのは（　　　　）である。
　　　　　① 南部　　② メキシコ国境地域　　③ 太平洋沿岸

問 3　アメリカ合衆国は、西経 100 度より東は（　　　　）である。
　　　　　① 湿潤地域　　② 乾燥地域　　③ 冷帯地域

問 4　ロッキー山脈は北アメリカ大陸の西側にあり、（　　　　）に属する。
　　　　　① 安定陸塊　　② 新期造山帯　　③ 古期造山帯

問 5　カナダの公用語は（　　　　）である。
　　　　　① 英語とスペイン語　　② フランス語とスペイン語
　　　　　③ 英語とフランス語

問 6　カナダの州のうち、フランス系住民が多い州は（　　　　）である。
　　　　　① ブリティッシュコロンビア州　　② アルバータ州　　③ ケベック州

解 答

問1：①　問2：③　問3：①　問4：②　問5：③　問6：③

問7　ラテンアメリカの国でポルトガル語を公用語とする国は（　　　　　）である。
　　　　① ベネズエラ　　② メキシコ　　③ ブラジル

問8　ラテンアメリカの西側にあるアンデス山脈は（　　　　）に属する。
　　　　① 安定陸塊　　② 古期造山帯　　③ 新期造山帯

問9　ブラジルを含む、ラテンアメリカで信者が多い宗教は（　　　　）である。
　　　　① 仏教　　② イスラム教　　③ キリスト教

問10　パンパと呼ばれる温帯草原で小麦やとうもろこしなどを栽培し、世界有数の小
　　　　麦生産国として知られるのは（　　　　）である。
　　　　① ブラジル　　② アルゼンチン　　③ チリ

 解　答

問7：③　問8：③　問9：③　問10：②

 Jump｜レベルアップ問題

(　)問中(　)問正解

■ 次の問いを読み、問1と問2に答えよ。

問1　ケイコさんは、アメリカ合衆国の農牧業に興味をもち、資料1〜資料3を得た。
これらの資料に関して、ケイコさんと先生の会話文中の空欄 ┃ X ┃、┃ Y ┃ に
当てはまる語句の組合せとして最も適切なものを、あとの①〜④のうちから一
つ選べ。〈高認 H. 29-1〉

資料1　テキサス州ハートリー郡の農場の土地利用の変化(1974年と1991年)

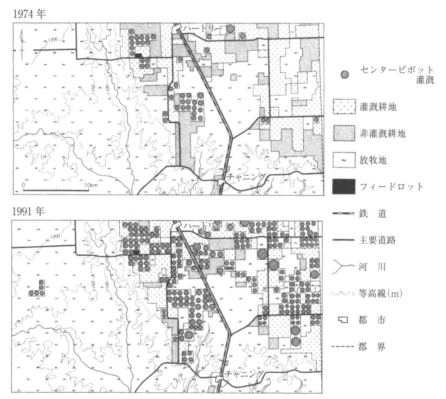

注) フィードロット：濃厚飼料を用いて短期間で家畜を肥育する施設

資料2　テキサス州ハートリー郡における作物収穫面積の推移

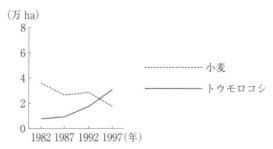

(「テキサスパンハンドル地方における大牧場経営と畜産業」により作成)

122

資料3　現在のテキサス州ハートリー郡の農場の様子(2016年)

(Google 2016 により作成)

先　生：資料1は、テキサス州ハートリー郡に広がる農場の土地利用を示しています。どのようなことが読み取れますか。

ケイコ：等高線を観察すると、平地を耕地に、傾斜地を放牧地に利用している傾向が分かります。また、センターピボットと呼ばれる灌漑施設が増加しており、　X　地域での農業を可能にしているようです。

先　生：1991年と2016年を比べると、農作物の生産には、どのような変化があったのでしょうか。資料2のグラフや資料3の画像の資料をあわせて、考えてみましょう。

ケイコ：農作物を生産する円形のセンターピボット灌漑が大型になり、作物によって収穫面積が増えたり、減ったりしているようです。また、肉牛を肥育するフィードロットの存在も影響しているのかもしれません。

先　生：この地域では、1991年と2016年を比べると、肉牛の生産を増やすために　Y　ということです。地形や地下水を利用し、自然条件を克服することによって、地域全体で肉類を生産する産業が発展したようです。

	X	Y
①	河川から離れた	飼料用トウモロコシの生産を増やした
②	河川から離れた	輸出用小麦の生産を増やした
③	河川に近い	飼料用トウモロコシの生産を増やした
④	河川に近い	輸出用小麦の生産を増やした

123

問2　カズヨシさんは、サッカーワールドカップ2018ロシア大会（以下、ワールド
カップ）に出場したチームの選手の民族構成に興味をもち、資料4と資料5
を得て、資料6を作成した。資料6のレポート中の空欄　X　〜　Z　に当
てはまる語の組合せとして最も適切なものを、あとの①〜④のうちから一つ選
べ。〈高認 R. 1-1〉

資料4

ブラジル代表選手 　　　　　アルゼンチン代表選手

注）写真はワールドカップ出場前に撮影されたものであり、かならずしもワールドカップ2018ロシア大会出場選
手とは一致しない。

（https://qoly.jp/2018/05/30/brazil-in-worldcup-2018-1 などによる）

資料5　南アメリカの農業地域

（『Diercke Weltatlas 2008』ほかにより作成）

資料6　カズヨシさんのレポート

　資料4から，ブラジルとアルゼンチンでは，同じ南アメリカの国であっても，選手の人種・民族構成は大きく異なっていることが分かる。これは両国成立の歴史的背景の違いを反映していると考えられる。

　南アメリカには先住民が住んでいたが，16世紀になるとスペインやポルトガルなどによって植民地化され，一部の地域にはヨーロッパ系の人々が多数移住するようになった。また，その人々が経営する，主に　X　のプランテーションで奴隷として働く労働力として，アフリカ系の人々が連れてこられた。そのため南アメリカの人種・民族構成は，16世紀以前の先住民の人口分布やヨーロッパ系の人々の移住状況，そして**資料5**にみられるようなプランテーションの分布などによって地域ごとに異なったものとなっている。

　下の円グラフは両国の人種・民族構成を表したものである。

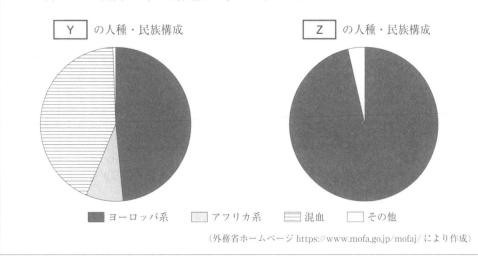

　Y　の人種・民族構成　　　　　Z　の人種・民族構成

■ヨーロッパ系　□アフリカ系　□混血　□その他

(外務省ホームページ https://www.mofa.go.jp/mofaj/ により作成)

	X	Y	Z
①	サトウキビ	ブラジル	アルゼンチン
②	サトウキビ	アルゼンチン	ブラジル
③	小麦	ブラジル	アルゼンチン
④	小麦	アルゼンチン	ブラジル

解答・解説

問1：①

　Xについて、センターピボット農法は、乾燥地域で地下水をくみ上げ円形の農場に撒く方法です。近くに河川がなく、河川から水を引けない場所でも、センターピボットを使えば地下水を利用して農業を行うことができます。よって、Xには「河川から離れた」が当てはまります。Yについて、資料2を見ると、小麦の作物収穫面積が減少し、トウモロコシの作物収穫面積が増加していることがわかります。トウモロコシは家畜の飼料となりますので、「飼料用トウモロコシの生産を増やした」が当てはまります。したがって、正解は①となります。

問2：①

　Xについて、資料5を見ると、プランテーションが行われている地域はグレーで表されています。また、凡例と照らし合わせると、このグレーが塗られた箇所で生産されている作物はサトウキビであることがわかります。よって、Xには「サトウキビ」が当てはまります。YとZについて、資料5を見ると、プランテーションが行われているのはブラジルがほとんであることがわかります。プランテーションの労働力として、アフリカ系の人々が連れてこられたのはブラジルです。よって、資料6の円グラフでアフリカ系や混血の人が見られるYが「ブラジル」、ほとんどがヨーロッパ系であるZが「アルゼンチン」であると考えられます。したがって、正解は①となります。

2. 東南アジア

東南アジアは、古くからヨーロッパとアジアを結ぶ海上交通の要衝でした。また、隣接する中国の影響もあり、さまざまな文化や宗教が見られる地域となっています。この単元で紹介する国々は、やや丁寧に見ていきましょう。

🔍 東南アジアの地図を見てみよう！

東南アジアは、中国の南に位置する大陸（インドシナ半島）と、多くの島々からなる地域です。下の地図を見ながら、赤道の位置と各国の位置を覚えておきましょう。

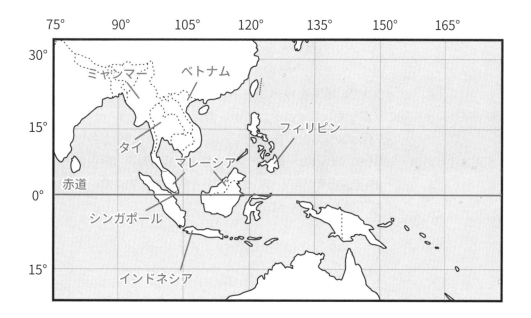

🔍 東南アジアの地形と気候

東南アジアの地形

東南アジアのほとんどが新期造山帯に属すため、火山や地震が多い地域となっています。大陸部にはメコン川・チャオプラヤ川・エーヤワディー川が流れ、河口部にはデルタ（三角州）が形成されています。デルタの低地は稲作がさかんですが、海抜が低く、たびたび洪水被害に悩まされています。

東南アジアの気候

　東南アジアは赤道近くの低緯度に位置しています。赤道近辺は熱帯気候で、一年中気温が高く、雨が多くなっています。特徴的なのは、日中の強い日差しによって暖められた上昇気流によって、夕方ごろにスコールという集中豪雨が降ることです。また、熱帯地域の周りの地域は亜熱帯地域となっています。

　東南アジアは季節風（モンスーン）の影響で、夏は海から湿った空気がもたらされます。インドシナ半島では 5 月〜 10 月は雨季、11 月〜 4 月は乾季となります。降水量の多さを生かし、稲作がさかんに行われてきました。

東南アジアの特色

　東南アジアは、海上交通の要衝にあたり、交易を通じてさまざまな文化の影響を受けてきました。16 世紀にはヨーロッパの進出がはじまり、19 世紀以降にはタイを除く全域が植民地となりました。第二次世界大戦後に独立を果たしますが、東南アジアの国々は文化や生活面において、植民地支配を行っていた旧宗主国の影響が見られます。

> ◉ 旧宗主国 …… イギリスの植民地 ➡ ミャンマー・マレーシア・シンガポール・ブルネイ
>
> 　　　　　　　 フランスの植民地 ➡ ラオス・カンボジア・ベトナム
>
> 　　　　　　　 スペイン・アメリカの植民地 ➡ フィリピン
>
> 　　　　　　　 オランダの植民地 ➡ インドネシア
>
> ◉ 宗教 …… 中国の影響を受けたインドシナ半島の国々は仏教、インドネシアとマレーシアはイスラム教、フィリピンはキリスト教の信者が多い
>
> ◉ 工業化への道 …… 1980 年代以降、東南アジアの国々は経済特区（関税などの経済的優遇措置が与えられる区域）を設けて、先進国の企業を誘致する政策を行い、工業化を進めている

シンガポール

　赤道直下に位置するため、一年を通じて高温かつ多湿な熱帯雨林気候（Af）です。**多民族国家**であり、公用語は英語・中国語・マレー語・タミル語が使われています。金融業がさかんであり、1970年代以降、工業化によって急激な経済成長を遂げたアジアNIESのひとつです。シンガポールのシンボルであるマーライオンが有名です。

経済

　シンガポールは外国企業の誘致を積極的に行い、東南アジアの国々の中でいち早く工業化に成功し、電気機械やエレクトロニクスなどの工業が発達しています。また、英語や中国語を話すことができる人が多く、欧米諸国の多国籍企業におけるアジア太平洋地域の拠点が多く置かれています。

> ◉ 主要産業 ➡ 製造業（エレクトロニクス・化学関連・輸送機械・精密機械）
> 　　　　　　 商業ビジネスサービス・金融など
> ◉ 東南アジアの金融センターとして不動の地位を保っている

シンガポールをはじめとする多民族国家では、多くの人が利用する紙幣や新聞、看板などにいくつもの言語が載っていますよ。どの言語を使う人でもわかるようにしているのですね！

マレーシア

　マレー半島南部とボルネオ島北部に位置します。**多民族国家**のため、民族の融和と国民統合が主要課題です。マレー系の人々をさまざまな面で優遇するブミプトラ政策を実施していますが、近年は他民族からの反発で緩和されつつあります。また、東南アジアで早くに工業化に成功した国でもあります。

経済

　かつては典型的なゴムなどの一次産品の輸出国でしたが、外国資本の導入により製造業を中心に工業化を推進しました。

> ◉ かつては典型的なゴムなどの一次産品の輸出国
> 　➡ 合成ゴムが普及したため、近年は油ヤシへの転換が進んでいる
> 　➡ パーム油の生産量は世界上位
> ◉ 最も多くを占める輸出品目は機械類

タイ

　タイは約 95％が仏教信者であり、仏教国として有名です。チャオプラヤ川下流では水上交通が発達しており、水上マーケットという市場が人々の生活を支えています。

経済

　タイは稲作がさかんで、近年は高収量品種や大型機械の導入により収穫量を大きく伸ばし、輸出量も増加しています。工業では、日本をはじめとする自動車工場が集まっているだけでなく、電機や電子などの工業も発達しています。

- ◉ 米の輸出量は世界上位
- ◉ 輸出品目で最も多くを占めるのが機械類。工業化が進み、自動車産業が発達

ベトナム

　社会主義国ではありますが、1980 年代に資本主義の経済システムを取り入れたドイモイ（刷新）政策により経済開放を行い、現在は高い経済成長を遂げています。かつて植民地支配を受けていたフランスの影響で、街角ではフランスパンが売られている光景を見ることができます。

経済

　ベトナムは紛争の影響によって工業化が遅れた国のひとつです。ドイモイ（刷新）政策により対外開放化を行い、外国企業の誘致を進めています。

- ◉ 主要産業は農林水産業や鉱業だが、近年は電子や機械などの産業が伸びている
- ◉ 米の生産がさかん
- ◉ コーヒー豆の生産量は世界上位

ベトナムの麺料理「フォー」は米粉から作られています。東南アジアは米を使った料理が多いんですよ！

🔎 インドネシア

　赤道をまたぐ 1 万 3,500 もの大小の島による群島国家です。観光やサーフィンで訪れる人が多いバリ島が有名です。世界最大のイスラム人口を有する国家でもあります。気候は赤道直下で熱帯雨林気候（Af）に属します。

経済

　資源に恵まれており、日本をはじめとする多くの国に輸出をしています。近年は工業化にも力を入れており、輸出量をすこしずつ伸ばしています。

- ◉ 農林水産業 …… 米の生産量の上位国。その他、コーヒー豆・茶・天然ゴムの生産量が多い
- ◉ 鉱業 …… 資源に恵まれ、すずや天然ガスの採掘量が多い
- ◉ その他の産業 ➡ 軽工業・食品工業・パーム油産業など

🔎 フィリピン

　ルソン島とミンダナオ島を中心に 7,000 以上の島があります。東南アジアで唯一のキリスト教国で、公用語はフィリピノ語と英語です。主要産業は農林水産業で、バナナやココヤシの栽培がさかんです。

🏷 関連用語

- ◉ ASEAN …… 東南アジア諸国連合。1967 年に結成され、現在は東南アジア諸国 10 か国が加盟している。東南アジア諸国の経済・社会・政治・安全保障・文化面での地域協力を行っている

Step｜基礎問題

■ 各問の空欄に当てはまる語句をそれぞれ①〜③のうちから一つずつ選びなさい。

問 1　東南アジアの多くは（　　　　）に属すため、地震や火山が多い特徴がある。
　　　　① 安定陸塊　　② 古期造山帯　　③ 新期造山帯

問 2　熱帯雨林気候（Af）において、日中の強い日差しによって暖められた上昇気流によって定期的にもたらされる降雨を（　　　）という。
　　　　① サイクロン　　② フェーン　　③ スコール

問 3　東南アジア諸国で植民地になっていない国は（　　　）である。
　　　　① ベトナム　　② フィリピン　　③ タイ

問 4　東南アジアは（　　　）の影響で、夏は海から湿った空気がもたらされる。
　　　　① モンスーン　　② 貿易風　　③ 偏西風

問 5　ベトナムが 1986 年に採択した、市場経済システムの導入と対外開放化の政策を（　　　）という。
　　　　① ルックイースト政策　　② ドイモイ（刷新）政策
　　　　③ ブミプトラ政策

問 6　タイ、インドネシア、シンガポール、フィリピン、マレーシアの東南アジア 5 か国で 1967 年に設立され、現在は 10 か国が加盟している地域協力機構は（　　　）である。
　　　　① ASEAN　　② NAFTA　　③ APEC

問 7　東南アジアの金融センターとしての地位を保っている国は（　　　）である。
　　　　① インドネシア　　② シンガポール　　③ タイ

解答

問1：③　問2：③　問3：③　問4：①　問5：②　問6：①　問7：②

問 8 　東南アジアで最も人口が多く、かつイスラム教信者が多い国は（　　　　　）である。
　　　　　① フィリピン　　② タイ　　③ インドネシア

問 9 　東南アジア諸国で仏教徒が多い国は（　　　　　）である。
　　　　　① フィリピン　　② タイ　　③ インドネシア

問 10　東南アジア諸国でキリスト教徒が多い国は（　　　　　）である。
　　　　　① フィリピン　　② タイ　　③ インドネシア

解　答
問 8：③　問 9：②　問 10：①

（　）問中（　）問正解

■ 次の問いを読み、問1と問2に答えよ。

問1　コウタさんは、東南アジアの宗教の多様性に興味を持ち、資料1と資料2を得た。資料1は、ア国〜ウ国における宗教別人口構成を示し、X〜Zは、仏教、イスラーム、キリスト教のいずれかを示している。資料2のア国〜ウ国の写真は、資料1中で最も信者数の多い宗教の宗教的な行為を撮影したものである。X〜Zに当てはまる宗教名の組合せとして最も適切なものを、あとの①〜④から一つ選べ。〈高認 H. 30-2〉

資料1　ア国〜ウ国の宗教別人口構成（%）

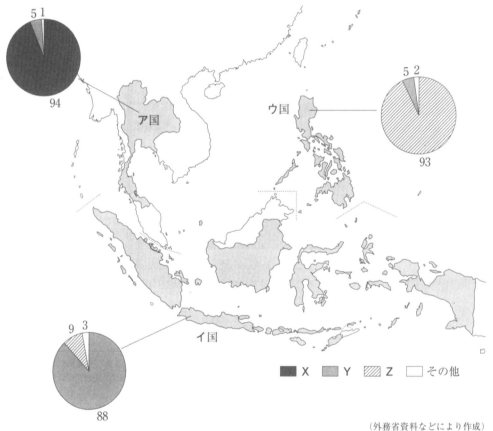

（外務省資料などにより作成）

資料2

ア国

イ国

ウ国

（http://blog.livedoor.jp/life_style/archives/11951139.html などによる）

	X	Y	Z
①	仏教	イスラーム	キリスト教
②	仏教	キリスト教	イスラーム
③	イスラーム	仏教	キリスト教
④	イスラーム	キリスト教	仏教

問2　ナオトさんは、気候変動とベトナムのメコン川デルタ（三角州）地域への影響
について調べ、資料3〜資料5を得た。これらの資料に関するナオトさんと先
生の会話文中の空欄　Ａ　、　Ｂ　に当てはまる語の組合せとして最も適切な
ものを、あとの①〜④のうちから一つ選べ。〈高認 R. 1-2〉

資料3　メコン川デルタ地域の位置と気候変動に関わる説明

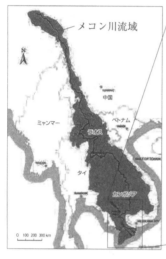

ベトナムのメコン川
デルタ地域では，気候
変動によって大きな影
響を受けることが懸念
されており，農業や漁
業へ影響を及ぼす被害
が予測されている。

資料4　メコン川デルタ地域における気候変動による影響を解決する計画

ベトナムの南部水資源計画研究所
は，上のような河川設備（防潮堰）を
左の地図の〇で示す場所に設置する
などの計画を立てた。日本の国際協
力機構（JICA）は，気候変動に対
応する地域開発計画のために，調査
協力を行ってきた。

（JICA 報告書　http://open_jicareport.jica.go.jp/807/807/807_123_12114575.html により作成）

資料5　メコン川デルタ地域に住む人々が認識する生活の困難さに至る要因のイメージ図

（JICA 報告書　http://open_jicareport.jica.go.jp/807/807/807_123_12114575.html により作成）

先　生：気候変動は、様々な影響を及ぼします。どのような影響があると思いますか。

ナオト：資料から、メコン川デルタ地域では、大雨の影響を受けて洪水の頻度が増加す
　　　　るほか、熱帯低気圧が発生した際には　 A 　の被害が増大すると思います。

先　生：そうですね。さらに資料3～資料5を基に考えると、資料4のメコン川デルタ
　　　　地域での計画は、資料5のカとキのうち、どちらの状況を解決しようとするも
　　　　のだと思いますか。

ナオト：　 B 　を解決しようとしていると思います。

先　生：よく分かりましたね。

	A	B
①	高潮	カ
②	高潮	キ
③	津波	カ
④	津波	キ

137

解答・解説

問1：①

　資料1におけるア国はタイ、イ国はインドネシア、ウ国はフィリピンです。ア国について、資料2を見ると、ア国の写真は袈裟を着た僧侶が托鉢をしている仏教徒の様子が見られます。また、ア国のタイは仏教徒が多い国ですので、資料1のXの凡例には「仏教」が当てはまります。イ国について、資料2を見ると、多くの人が並んでお祈りをしている様子が見られます。これはモスク（イスラム教の宗教施設）でのお祈りの様子です。また、イ国のインドネシアはイスラム信者が多い国ですので、資料1のYの凡例には「イスラーム」が当はまります。ウ国について資料2を見ると、施設に十字架がかかげられていることがわかります。十字架はキリスト教のシンボルです。また、ウ国のフィリピンはキリスト教信者が多い国ですので、資料1のZの凡例には「キリスト教」が当てはまります。したがって、正解は①となります。

問2：①

　空欄Aには「熱帯低気圧」によって引き起こされた現象が入ると推測できます。台風をはじめとする熱帯低気圧は、海面の高さが引き上げられる高潮を引き起こします。よって、空欄Aには「高潮」が当てはまります。なお、「津波」は海底での地震によって引き起こされる災害です。空欄Bについて、デルタ地域は海に近い低地であり、大雨や高潮などによる水害が心配されます。また、資料4に見られる「防潮堰」は高潮によって川が氾らんするのを防いでいると考えられます。よって、空欄Bには「カ」が当てはまります。したがって、正解は①となります。

3. 南アジア・西アジア

南アジアについては、BRICSのひとつであるインドを中心に押さえましょう。西アジアはイスラム教徒が多い地域です。西アジアの大まかな特徴とイスラム教の聖地であるメッカがあるサウジアラビアの位置を確認しておきましょう。

Hop | 重要事項

✍ **南アジアから西アジアまでの地図を見てみよう！**

　南アジアは、バングラデシュからパキスタンまでの地域を指します。西アジアはさらに西のアフガニスタンからトルコまでの地域を指します。ヒマラヤ山脈とガンジス川、インダス川の位置を確認し、地図上に記載されている国の位置を覚えておきましょう。

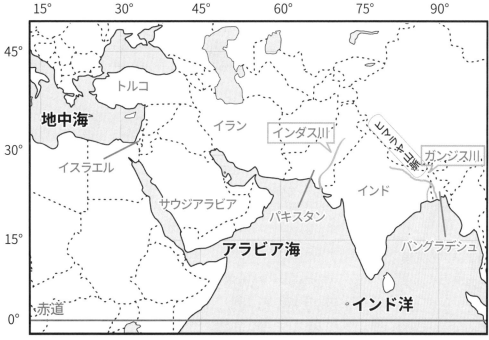

※インダス川とガンジス川の流域は、簡略化して表記しています。

南アジアの地形と気候

南アジアの地形

　南アジアの北側にはヒマラヤ山脈があります。ヒマラヤ山脈はアルプス・ヒマラヤ造山帯に属する新期造山帯であり、この造山帯はヨーロッパのアルプス山脈あたりにまで伸びています。その他の大部分の大陸は安定陸塊です。ガンジス川は上流から土を運び、河口部に三角州を形成しています。この三角州にあたる箇所にバングラデシュがあり、たびたび洪水被害に悩まされています。

南アジアの気候

　南アジアは季節風（モンスーン）の影響で、夏の雨季と冬の乾季に気候が分かれています。北部のパキスタン周囲は乾燥した地域となります。広大な面積をもつインドでは、地域による雨量の差から生産される作物が異なるという特徴があります。

> **参　考　インドと周辺諸国の歴史**
>
> 現在のインド・バングラデシュ・パキスタン・ミャンマーの領土は、19世紀にイギリスの植民地となり、インド帝国と呼ばれていた。第二次世界大戦後、ビルマ（現ミャンマー）は1948年に独立を果たし、残りの3国はヒンドゥー教徒が多いインドと、イスラム教徒が多いパキスタンとバングラデシュの3国として独立している

西アジアの地形と気候

西アジアの地形

　イランからトルコにかけてはアルプス・ヒマラヤ造山帯に属する新期造山帯であり、地震が多い地域です。その他の大部分の地域は安定陸塊となっています。西アジアには産油国が多く、日本にも多くの石油が輸出されています。

西アジアの気候

　西アジアの気候の大部分が砂漠気候（BW）となっており、サウジアラビアがあるアラビア半島にはアラビア砂漠が広がっています。トルコは地中海と接しており、地中海沿岸部は地中海性気候（Cs）となっています。

> 西アジアの国々は乾燥帯が多く、農業に不向きの場所が多くなっています。農業が難しい場合は牧畜を行い、河川や地下水から水を得られる場合は小麦やナツメヤシを栽培しています！

🔎 インド

　人口は中国を抜いて世界第1位であり、紀元前2600年頃のインダス文明からの長い歴史があります。ゼロの概念や10進法を生み出したようにインドには数字に強く、英語を話すことができる人が多いという強みもあります。公用語はヒンディー語ですが、準公用語は英語のほかに21もある多言語国家です。インドの紙幣には、主要な17の言語で額面が表記されています。

文化

　インドでは主にヒンドゥー教が信仰されており、人々の生活に大きな影響を与えています。ヒンドゥー社会に古くからあるカースト制度は憲法により禁止されましたが、未だにインド社会に根強い影響を残しています。

- ◉ 主な宗教はヒンドゥー教 ➡ 神聖とされる牛の肉を食べることは禁止されている
　　　　　　　　　　　　➡ 聖なる河であるガンジス川での沐浴を行う
- ◉ カースト制度 …… 生まれと職業が結びついた、世襲的な身分制度。同じ身分間での結婚や身分によって定められた職業に就くといった風習が残っている

経済

　インドでは、地域の気候によって生産される作物が異なります。工業については独立当初は伸び悩んでいましたが、1990年代から工業化が進み、現在はBRICSのひとつに数えられる新興国となりました。英語を話すことができる人が多く、数学も得意なことから、現在は情報通信技術（ICT）産業が急速に発展しています。

- ◉ 1960年代から高収量品種や大型機械の導入が進み、穀物の増産に成功（緑の革命）
- ◉ ガンジス川下流域では米、インド北部では小麦の生産がさかん
- ◉ インド中部のデカン高原では綿花、北東部のアッサム地方では茶の生産がさかん
- ◉ ICT産業や製造業を中心に経済成長を続け、BRICSの一角として注目を集めている
- ◉ ハイテク産業（IT・宇宙産業・コンピュータソフトウェアなど）の伸びが著しい

インドとアメリカはちょうど地球の真裏の関係にあります。よって、アメリカが夜になるときに朝を迎えるインドが仕事を引き継げば、24時間作業ができるというわけです。このように時差を利用した、ソフトウェアの開発やコールセンターの仕事の請け負いも進んでいます。

西アジアの国々

　西アジアの国々にはイスラム教信者が多く、日常生活のなかにもイスラム教の教え（たとえば豚食や飲酒の禁止など）の影響がうかがえます。石油や天然ガスなどの資源の埋蔵量が多く、世界的な輸出国が多い地域となっています。

> **参　考　イスラム教の宗派**
> イスラム教にはスンナ派とシーア派という二大宗派がある。多数派はスンナ派であり、少数派のシーア派はイランやイラクで多い

サウジアラビア

　イスラム教の聖地であるメッカがあり、国土の多くが砂漠におおわれています。石油資源が豊富で、石油化学工業が発達しています。近年は観光業や ICT 産業に力を入れています。

イラン

　1979 年のイラン革命により、イスラム教のシーア派が国教となりました。乾燥地帯が広がり、農業は遊牧やオアシス農業でのナツメヤシや小麦の栽培が中心です。石油資源が豊富です。

イスラエル

　イスラエルにはユダヤ教・キリスト教・イスラム教の聖地であるエルサレムがあります。イスラエルは外交政策として対米関係を重視しており、政治・防衛・経済などの各分野でアメリカに依存しています。

トルコ

　アジアとヨーロッパの境界に位置する国です。近年は外国資本を積極的に誘致し、自動車産業が急成長しています。政教分離政策をとっており、他国と比較して戒律はさほど厳しくありません。

 Step | 基礎問題

（　　）問中（　　）問正解

■ 各問の空欄に当てはまる語句をそれぞれ①～③のうちから一つずつ選びなさい。

問1　インドで最も信者が多い宗教は（　　　　）である。
　　　　　① イスラム教　　② 仏教　　③ ヒンドゥー教

問2　インド北部に走るアルプス・ヒマラヤ造山帯は（　　　　）に属する。
　　　　　① 安定陸塊　　② 古期造山帯　　③ 新期造山帯

問3　インド東部に位置し、聖なる河と呼ばれている川は（　　　　）である。
　　　　　① インダス川　　② ガンジス川　　③ チャオプラヤ川

問4　インドに根強く残るヒンドゥー教の教えであり、生まれと職業が結びついた世
　　　襲的な身分制度を（　　　　）という。
　　　　　① ヴァルナ　　② ジャーティー　　③ カースト

問5　ガンジス川の河口付近は（　　　　）が形成されている。
　　　　　① フィヨルド　　② 扇状地　　③ 三角州（デルタ）

問6　インドは数学と英語に強いことから、近年は（　　　　）が急速に発展してい
　　　る。
　　　　　① 情報通信技術（ICT）産業　　② 鉄工業　　③ 金融業

問7　インド北部の乾燥した地域では（　　　　）が栽培されている。
　　　　　① 米　　② 小麦　　③ 茶

 解　答
　　問1：③　問2：③　問3：②　問4：③　問5：③　問6：①　問7：②

問8　西アジア（中東）の多くは（　　　　　）に属し、農業を行うには灌漑が必要である。
　　　① 乾燥帯　　② 熱帯　　③ 温帯

問9　中東の国々で信者が多いのは（　　　　　）である。
　　　① イスラム教　　② キリスト教　　③ 仏教

問10　中東は資源に恵まれており、（　　　　　）の輸出国が多くなっている。
　　　① 金や銀　　② 石油や天然ガス　　③ 鉄鉱石やボーキサイト

🔍 解　答
問8：①　問9：①　問10：②

Jump | レベルアップ問題

( ) 問中( ) 問正解

■ 次の問いを読み、問1と問2に答えよ。

問1　ゆみこさんは、インドの宗教に興味を持ち、資料1〜資料3を得た。資料2中のA、B、および資料3中のア、イはそれぞれ、資料1中の（X）教、（Y）教のいずれかに関するものである。このうち、（X）教に関係の深い建造物および宗教的な行為を示した写真の組合せとして最も適切なものを、あとの①〜④のうちから一つ選べ。〈高認 H. 28-1〉

資料1　インドの宗教別人口割合（％，2001 年）

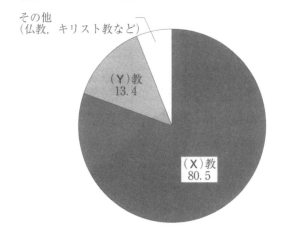

その他
（仏教，キリスト教など）

（Y）教
13.4

（X）教
80.5

資料2　資料1 中の（X）教，（Y）教のいずれかに関係の深い建造物

A

B

（外務省ホームページなどにより作成）

資料3　資料1中の（X）教，（Y）教のいずれかの宗教的な行為

ア

イ

（http://blogs.yahoo.co.jp/kassy1946/66855564.html などによる）

	建造物	宗教的な行為
①	A	ア
②	A	イ
③	B	ア
④	B	イ

問2　アキヒロさんとノリコさんは、西アジア地域について調べ、資料4〜資料7を得た。これらの資料を基に、アキヒロさんたちによる会話文中の空欄　X　、　Y　に当てはまる記号の組合せとして最も適切なものを、あとの①〜④のうちから一つ選べ。〈高認 R. 1-2〉

資料4

（「倉橋明大 Photosite」による）

資料5　3か国とA〜Cの位置

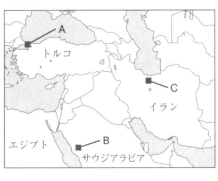

資料6　資料5の範囲の標高

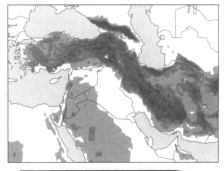

0　500　1,000　1,500　2,000　2,500（m）

資料7　資料5の範囲の1月と7月いずれかの平均降水量（mm）

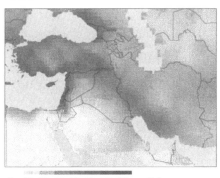

0　10　20　40　60　80　100　200 mm 以上
ア

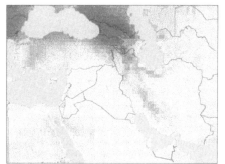

0　10　20　40　60　80　100　200 mm 以上
イ

（The World Bank「Climate Change Knowledge Portal」などにより作成）

会話文

ノリコ：資料4は資料5中のA〜Cのいずれかの都市で撮影された写真らしいけれ
　　　　ど、乾燥地域の広がる西アジア地域で、なぜ積雪が見られるのかな。

アキヒロ：資料6を見てごらん。この地域は高原や山脈が広がっているところも多く、
　　　　この都市も比較的標高が高い地域にあるんだ。一般的に標高が高いと気温は
　　　　低くなるからね。この都市も気温が下がるんだ。

ノリコ：そうすると、この場所は、資料5中の　X　の都市だね。このあたりは新
　　　　期造山帯が伸びていて標高が高いところが広がっているからね。でも、こん
　　　　なに雪が降るのかな。

アキヒロ：資料7を見てごらん。確かに、一年中降水量が少ないところも多いけれど、
　　　　この地域では冬に降水量が多い雨季と、夏に降水量が少ない乾季が見られる
　　　　ところもあるよ。資料7では、　Y　が冬（1月）の降水量を示したもの
　　　　になるよ。

ノリコ：そうか、雨季の降水が、気温の低いこの都市では降雪となって、冬景色を作
　　　　り出したんだね。

	X	Y
①	A	ア
②	B	イ
③	C	ア
④	C	イ

解答・解説

問1：①

　インドで信者が多い宗教はヒンドゥー教です。よって、ヒンドゥー教に関係の深い建造物と宗教的な行為を選びます。資料3のAはアンコールの遺跡群の写真であり、ヒンドゥー教の寺院です。よって、（X）教に関係の深い建造物は「A」です。資料3のアはヒンドゥー教で聖なる河とされるガンジス川での沐浴の様子を収めた写真です。よって、（X）教に関係の深い行為は「ア」となります。したがって、①が正解となります。なお、「B」はタージ・マハルの写真であり、イスラム教の建築物です。「イ」はイスラム教のお祈りの様子を収めた写真です。

問2：③

　空欄Xについて、アキヒロさんの言葉のとおり、「一般的に標高が高いと気温は低く」なります。資料5と資料6を照らし合わせると、標高が高い都市は資料6で濃いグレーの箇所にある「C」であることがわかります。空欄Yには、冬（1月）の降水量を示した資料を選びます。資料7は、グレーが濃いほど降水量がより多いということを示しますので、降水量が多い冬を示すのは濃いグレーが広がる「ア」の資料です。したがって、空欄Xには「C」、空欄Yには「ア」が当てはまりますので、正解は③となります。

4. ヨーロッパ

ヨーロッパには多くの国があります。この単元で取り上げる国々の特色や得意な産業に注目して学習しましょう。また、EU（ヨーロッパ連合）による国々の繋がりと問題点についても注意して学習しましょう。

Hop｜重要事項

ヨーロッパの地図を見てみよう！

　ヨーロッパは日本と同じ北半球に位置します。歴史上、産業革命が最初に起こった地であり、歴史的に世界の国々をリードしてきました。以下の地図では記載されている国の名前と位置、世界の時刻の基準となる経度０度線が通るイギリスの位置を確認しましょう。

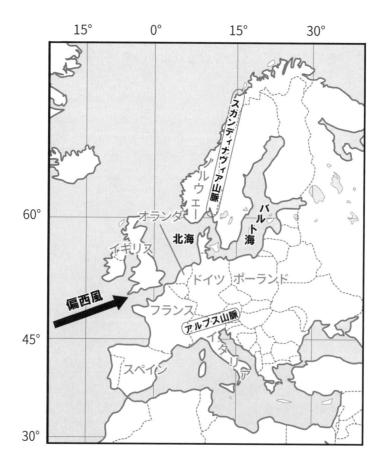

🔔 ヨーロッパの地形と気候

ヨーロッパの地形

　高緯度に位置する北ヨーロッパのノルウェー西岸には、氷河地形であるフィヨルドが形成されています。アルプス山脈はアルプス・ヒマラヤ造山帯に属する新期造山帯で、イタリアやギリシャは地震や火山が多い地域となります。

ヨーロッパの気候

　ヨーロッパは日本より高緯度に位置していますが、暖流と偏西風の影響で温暖な気候（温帯）の国が多くなっています。地中海沿岸は夏の気温が高く乾燥する地中海性気候となっており、気候に適した農業を行っています。北ヨーロッパにあるスカンディナビア山脈より東の地域、ヨーロッパ中部は偏西風や暖流の影響が弱まるため、冷帯の国が多くなっています。

- ◉ 偏西風と暖流の影響 ➡ 緯度のわりに暖かい
- ◉ スカンディナヴィア山脈が偏西風を遮る ➡ 山脈より東は寒い（冷帯）地域
- ◉ 地中海沿岸は夏に高温乾燥、冬に降雨（地中海性気候）

🔔 ヨーロッパの特色

EU（ヨーロッパ連合）と地域統合

　EU（ヨーロッパ連合）とは、経済・政治・軍事など社会的なあらゆる分野での統合をめざす地域連合で、現在27か国が加盟しています（2023年10月現在）。EUに加盟していない国もありますが（イギリスやスイスなど）、ヨーロッパはさまざまな面で地域統合を進めています。

- ◉ EUの共通通貨はユーロ（導入していない国もある）
- ◉ EU域内では関税が廃止されており、域内貿易がさかん
- ◉ EUは難民を積極的に受け入れてきたが、近年その数が増加しており、異民族や異文化との共生が課題
- ◉ シェンゲン協定を結んでいる国々は、パスポートを提示することなく国境の行き来が可能
- ◉ ヨーロッパ内に限らずアフリカなどからの外国人労働者も多い

> 📖 **参 考** EU ヨーロッパ諸国と EU の歴史
> ヨーロッパは歴史上、多くの戦争を経験してきた。そこでフランス・西ドイツ・イタリア・ベルギー・オランダ・ルクセンブルクは第二次世界大戦後、争いをなくすことを目的に資源の共有を目的としたヨーロッパ石炭鉄鋼共同体（ECSC）を設立。その後のEUの基礎となった

農業

　ヨーロッパでは各地域の気候に合わせた農業が行われています。フランスより北の冷涼な地域は農業に適さないため、酪農が発達しています。そのさらに北に位置するノルウェーなどでは、林業や漁業などがさかんです。

- ◉ ヨーロッパ内陸部 …… 小麦などの作物栽培と家畜飼育を組み合わせた混合農業
- ◉ 地中海沿岸 …… 夏の高温と乾燥に耐える柑橘類やオリーブ、コルクがしの栽培
- ◉ ヨーロッパ北部 …… 寒さに強いライ麦やじゃがいもの栽培、牧畜

📖 **参考** ヨーロッパの言語と宗教

ヨーロッパの言語は大きく3つに分かれている。また、ヨーロッパにはキリスト教徒が多いが、国によって宗派に違いが見られる

北西部 ➡ ゲルマン語派（英語やドイツ語など）、プロテスタントが多い

南　部 ➡ ラテン語派（フランス語やイタリア語など）、カトリックが多い

東　部 ➡ スラブ語派（ポーランド語やチェコ語など）、東方正教とカトリックに分かれる

《ヨーロッパの民族》　　《ヨーロッパの宗教》

ゲルマン系　スラブ系　ラテン系　その他

プロテスタント　東方正教　カトリック　その他

152

イギリス

　偏西風や暖流の影響により、緯度のわりには温暖な気候です。かつてはカナダ・オーストラリア・インド・香港に広がる広大な植民地を有していました。イギリス発の紅茶文化である、アフタヌーンティーも有名です。

経済

　世界でいち早く産業革命を成功させ、綿工業や羊毛工業を発達させてきました。牧場や牧草地の面積が広く、イギリスはヨーロッパのなかでも羊の飼育頭数が多くなっています。また、ロンドンでは最先端技術産業が発達しています。

> ◎ 鉄鋼業 ➡ 石炭と鉄鉱石が産出される（産業革命時に機械を動かしたのは蒸気機関であり、その動力として石炭が使用された）
> ◎ 羊毛工業 ➡ 羊毛の生産量は世界上位
> ◎ 出版業・エレクトロニクス産業 ➡ ロンドンに集中

> 📖 参　考
> ◎ 北アイルランド問題 …… 北アイルランドの帰属問題。イギリス系住民（プロテスタント）とアイルランド系住民（カトリック）が対立

フランス

　フランスは観光業がさかんで、首都のパリにはエッフェル塔や凱旋門、ルーブル美術館、ノートルダム大聖堂などがあります。パリ以外の都市では、国際映画祭で有名なカンヌがあります。ヨーロッパ最大の農業国で、EU諸国中最大の規模を誇っています。

経済

　フランスの国土は農業に適しており、**EU最大の農業国**となっています。フランスで生産された農作物は、ヨーロッパの多くの地域へ輸出されています。首都のパリはフランス最大の工業地域となっており、フランス南部のトゥールーズでは航空機工業が発達しています。

> ◎ EU最大の農業国。小麦やぶどうの生産がさかん
> ◎ 機械・自動車工業・印刷業 ➡ パリ周辺
> ◎ 航空機工業 ➡ トゥールーズ

> 📖 参　考
> ヨーロッパ北部はかつて氷河に覆われ、やせた土地が広がることから酪農が中心となった。南部は地中海性気候であるため、生産物が限られ農業には不向きとなる。その中間に当たるフランス中部が農業の生産条件に最も適している

ドイツ

　ドイツは経済大国であり、EU加盟国第一の経済力をもっています。第二次世界大戦後に国土が西ドイツと東ドイツに分断されましたが、1989年に「ベルリンの壁」が開放され、1990年に再統一されました。工具や車などの工業製品の品質が高く、日本でも親しまれています。バッハやベートーヴェンなどの偉大な音楽家も輩出しています。

経済

　ドイツはヨーロッパ最大の工業国で、機械や自動車の輸出がさかんです。農業は冷涼な気候に合わせた混合農業が発達しています。

- 主要産業 ➡ 自動車・鉄鋼・化学・機械など
- ライ麦とジャガイモの生産に豚の飼育を組み合わせた混合農業が発達
  - ➡ 豚の飼育頭数が多い。ハムやソーセージ、じゃがいも料理、ビールも有名

スイス

　国土の大半をアルプス山脈が占める多民族国家です。フランス・ドイツ・イタリアに囲まれた位置にあり、ドイツ語・フランス語・イタリア語・ロマンシュ語が公用語となっています。永世中立国で、EUには加盟していません。

イタリア

　イタリアは世界有数の観光大国であり、多くの世界遺産があります。北部にはアルプス山脈、半島部にはアペニン山脈が走り、地震や火山が多い国です。気候は夏に乾燥し、冬に降雨が多い地中海性気候となっています。

経済

　農業は地中海性気候を活かした作物を栽培しています。工業は南北で格差があり、北部のトリノやミラノなどでは工業化が進んでいますが、南部は農業や観光業や軽工業が産業の中心となっています。南部の開発が国の主導で進められていますが、南北格差の是正が課題となっています。

- 混合農業 ➡ イタリア北部。稲作もさかん
- 地中海式農業 ➡ ブドウ・オリーブ・柑橘類
- 機械・自動車・石油化学・繊維・革製品 ➡ イタリア北部

> 参考 ローマの観光資源
> - 首都ローマには、古代ローマ遺跡やカトリックの総本山であるバチカン市国がある
> - フィレンツェは、15世紀初めに実権を握ったメディチ家の保護下で、ルネッサンス文化が栄え、レオナルド・ダ・ヴィンチやミケランジェロを生んでいる

 オランダ

　大地が低平であり、国土の大部分が干潟（ポルダー）となっています。海の高さよりも低い土地が多いため、風車を使って排水をしてきました。農業については酪農と、野菜や花卉を栽培する園芸農業が発達しています。

> オランダといえば風車やチューリップなどの花のイメージがありますね！酪農も得意で、チーズも有名ですね！

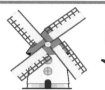

ノルウェー

　偏西風や暖流の影響で、高緯度のわりに温暖な西岸海洋性気候です。スカンディナビア山脈より西および北部は冷帯となっており、沿岸は氷河の影響を受けたフィヨルドが続いています。沿岸は北海油田で採掘される石油や天然ガスなどの資源に恵まれています。世界的な漁業国であり、豊富な水資源を用いたアルミニウム産業もさかんです。なお、EU には加盟していません。

スウェーデン

　高緯度に位置しており、大部分が冷帯の国です。国土面積の約7割が森林であり、パルプ工業がさかんです。また、北部の都市キルナは鉄鉱石の産地として有名であり、これを背景とした鉄鋼業もさかんとなっています。福祉国家としても有名で、社会保障制度が整い、税制や高齢者福祉などの社会政策が注目を浴びています。

ポーランド

　第二次世界大戦後はソ連圏に組み込まれましたが、自由化運動で東欧諸国の民主化運動をリードし、2004 年には EU に加盟しています。農業は、ジャガイモとライ麦の生産に豚の飼育を組み合わせた混合農業が発達しています。近年、安定した経済成長を続けています。

Step | 基礎問題

■ 各問の空欄に当てはまる語句をそれぞれ①〜③のうちから一つずつ選びなさい。

問 1　（　　　　　）の影響により、高緯度に位置するヨーロッパの国々の多くが温暖な西岸海洋性気候（Cfb）となっている。
　　　　① 偏西風　　② モンスーン　　③ 貿易風

問 2　ヨーロッパ中部やスカンディナヴィア山脈以東の地域は、暖流や偏西風の影響が弱まることから（　　　　）となっている。
　　　　① 乾燥帯気候　　② 寒帯気候　　③ 冷帯気候

問 3　ヨーロッパ連合（EU）の共通通貨は（　　　　）である。
　　　　① ユーロ　　② フラン　　③ ポンド

問 4　ヨーロッパの地中海沿岸国では、（　　　　）の栽培がさかんである。
　　　　① 小麦やライ麦　　② ジャガイモやテンサイ　　③ 柑橘類やオリーブ

問 5　スイスやイタリアを走るアルプス山脈は（　　　　）に属する。
　　　　① 安定陸塊　　② 古期造山帯　　③ 新期造山帯

問 6　国土の大部分が低地であり、風車が有名な国は（　　　　）である。
　　　　① オランダ　　② スイス　　③ イギリス

問 7　世界でいち早く産業革命を達成した国は（　　　　）である。
　　　　① イギリス　　② ドイツ　　③ イタリア

問 8　観光客の入国数が世界一で、エッフェル塔がある国は（　　　　）である。
　　　　① イタリア　　② スイス　　③ フランス

問 9　ヨーロッパ第一の農業国は（　　　　）である。
　　　　① イギリス　　② フランス　　③ ドイツ

問 10　ヨーロッパのなかで、南北問題が生じている国は（　　　　）である。
　　　　① イタリア　　② ドイツ　　③ オランダ

解答

問1：①　問2：③　問3：①　問4：③　問5：③　問6：①　問7：①
問8：③　問9：②　問10：①

■ 次の問いを読み、問1と問2に答えよ。

問1　ハルさんはヨーロッパ連合（EU）の世界自然遺産に興味を持ち、資料1と資料2を作成した。資料3中のA～Cの写真は、資料1のア～ウのいずれかの地点で撮影されたものである。資料2を参考にして、A～Cとア～ウの組合せとして最も適切なものを、あとの①～④のうちから一つ選べ。〈高認 H. 29-2〉

資料1　ＥＵ加盟国における世界自然遺産の主な位置（2016年12月現在）

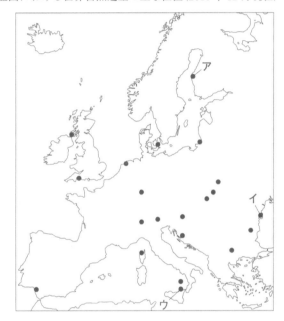

資料2　ヨーロッパの主な地形

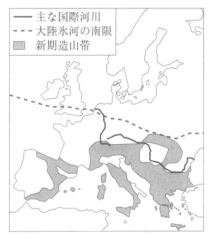

（『ヨーロッパ－文化地域の形成と構造－』などにより作成）

資料3　世界自然遺産を撮影した写真とその説明

A

かつて氷河が広がっていたこの地域では，氷河の重みによって沈んでいた大地が少しずつ隆起する現象が見られ，新しく陸地が誕生している。

B

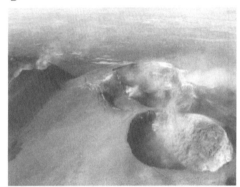

活火山であるこの地域では，噴火口からの噴煙が見える。この世界自然遺産が位置する国はEUの中でも噴火や地震が多い地域である。

C

ヨーロッパ最大規模の三角州であるこの地域では，湿地帯で野鳥やその他動植物の多様な生態系が見られる。

（http://whc.unesco.org/en/list/ により作成）

	ア	イ	ウ
①	A	B	C
②	A	C	B
③	B	A	C
④	C	B	A

問2　コウタさんはヨーロッパの料理とそれを支える自然環境や産業に興味を持ち、資料4〜資料6を得た。資料5中のX〜Zと資料6中のア〜ウは、それぞれイギリス、スペイン、ノルウェーのいずれかの国の特徴を示している。これらのうち、ノルウェーに当てはまる記号の組合せとして最も適切なものを、あとの①〜④のうちから一つ選べ。〈高認 H. 30-2〉

資料4　ヨーロッパの地形陰影図

資料5　3か国の農業に関する主な統計

	農地面積（千 ha）		国土に占める 農地の割合（%）
	耕地・樹園地	牧場・牧草地	
X	6,278	10,954	70.7
Y	17,188	9,390	52.5
Z	811	176	2.6

（『世界国勢図会 2017/18』により作成）

資料 6　3 か国の代表的な料理の写真と各国の説明

ア

冷涼湿潤な気候で，氷期には国土が氷河に覆われていた。そのため国土は比較的平坦であり，牧草地の占める割合が高い。タラやニシンの漁獲を目的とした，トロール漁が盛んである。

—— 白身魚

イ

温暖で降雨に季節性がある。ヨーロッパの中でも水産物の消費量が多く，輸入量も多い。タラなどの淡泊な魚や，エビ・カニ類が好まれる。稲作を行う地域もある。

—— 米

ウ

気候は冷涼，地形は山がちである。漁業が盛んで，水産物の輸出量は世界屈指となっている。タラやサーモンなどの漁獲量が多い。燻製などにした加工品の輸出量も多い。

—— サーモン

（https://r.gnavi.co.jp/a023409/menu2/ などにより作成）

	資料 5	資料 6
①	X	ア
②	Y	イ
③	Z	ウ
④	Z	ア

解答・解説

問1：②

　資料3のAについて、資料2を見ると、氷河は破線より北側にしかなかったことがわかります。よって、Aには大陸氷河の南限より北に位置する「ア」が当てはまります。資料3のBについて、資料2を見ると、火山や地震が多い地域であることを確認することができます。資料1の地図と照らし合わせると、火山や地震が多い新期造山帯にあたる箇所は「ウ」の地域であることがわかります。よって、Bには「ウ」が当てはまります。資料3のCについて、三角州は河川の河口部にできる地形です。資料2を見ると、国際河川の位置を確認することができ、河口部に位置するのは「イ」の地域であることがわかります。よって、Cには「イ」が当てはまります。したがって、正解は②となります。

問2：③

　資料6から考えましょう。「ア」の説明文を見ると、「冷涼湿潤な気候」「牧草地の占める割合が高い」とありますので、「ア」はイギリスだと考えられます。また、「牧草地の占める割合が高い」ということから、資料5の「X」がイギリスであることがわかります。「イ」の説明文を見ると、「温暖で降雨に季節性がある」とありますので、ほかの国と比較して緯度が低いスペインだと考えられます。スペインは地中海式農業がさかんで牧畜も行われていますから、資料5の「Y」がスペインだとわかります。「ウ」の説明文を見ると、「気候は冷涼」「漁業が盛ん」とありますので、ノルウェーだと考えられます。また、山がちな地形のため、農地の割合は非常に低くなっているため、資料5の「Z」がノルウェーだとわかります。したがって、ノルウェーは「ウ」と「Z」の組合せとなり、正解は③となります。

5. アフリカ・オセアニア

アフリカについては、この地域が抱える諸問題に注意しながら理解を深めていきましょう。オセアニアは気候の特徴を知り、とくにオーストラリアとニュージーランドに関して目を通しておきましょう。

Hop │ 重要事項

アフリカの地図を見てみよう！

　アフリカは、大陸のちょうど真ん中を横断するように赤道が通っています。以下の地図で、赤道の位置、ナイル川とサハラ砂漠の位置を確認しましょう。

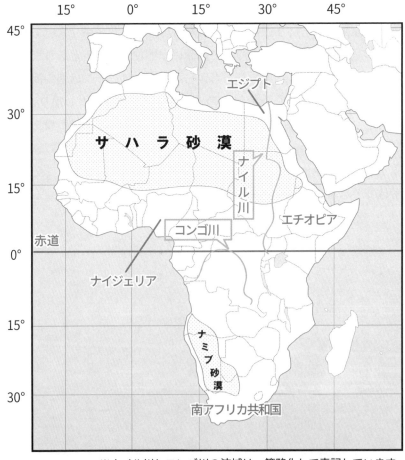

※ナイル川とコンゴ川の流域は、簡略化して表記しています。

🔍 アフリカの地形と気候

アフリカの地形

　アフリカのほとんどが安定陸塊で、台地や高原が広がっています。エチオピアの南には標高5,000mを超えるキリマンジャロ山があり、周辺地域ではコーヒーの栽培がさかんです。ナイル川は長さ6,500km超の世界最長の河川で、エジプト文明の発展に貢献し、灌漑による農業を支えてきました。また、河口部には大きな三角州（デルタ）が形成されています。

アフリカの気候

　アフリカ北部にはサハラ砂漠が広がっており、広く乾燥帯が分布しています。赤道上の地域は熱帯であり、コンゴ川流域では熱帯雨林が広がっています。その他の地域は亜熱帯（サバナ）が多くなっていますが、アフリカ南端と地中海に面するアフリカ北部には地中海性気候が分布しています。

🔍 アフリカの特色

略史

　19世紀後半から第一次世界大戦前にかけて、ヨーロッパ列強によるアフリカ分割が行われ、リベリアとエチオピアを除くアフリカ諸国は植民地となりました。「アフリカの年」と呼ばれる1960年に17か国が次々に独立を果たしましたが、現在もアフリカでは政治や経済に植民地支配の影響が残っています。

◉ 植民地時代には、ヨーロッパによる鉱山開発やプランテーション農園の開発が行われた。現在も一次産品の輸出に頼るモノカルチャー経済から抜け出せない国がある
◉ 植民地時代にヨーロッパ諸国が人為的な国境を引いたことにより、アフリカの国境線は直線的となっている

《 アフリカが抱える諸問題 》

◉ 資源をもつ国ともたざる国との格差（南南問題）がある
◉ 子どもを重要な労働力とする国は出生率が高く、児童労働が問題となっている
◉ 貧しい国は栄養状態や衛生状態が悪く、乳幼児の死亡率が高くなっている

🏷 関 連 用 語

◉ アフリカ連合（AU）…… アフリカ諸国の統一・連帯を目的に設立された地域機関。55の国と地域が加盟している（2023年10月現在）

農業

　熱帯地域では焼畑農業、地中海沿岸では柑橘類やオリーブの栽培が行われています。沿岸部では植民地時代に形成された大規模農園を利用し、熱帯で育つ商品作物の単一栽培を行うプランテーションが発達しています。

- ◉ 熱帯地域 ➡ 焼畑農業（タロイモ・ヤムイモ・キャッサバなど）
- ◉ 乾燥地帯 ➡ 遊牧やオアシス農業（ナツメヤシや小麦など）
- ◉ プランテーション ➡ カカオ豆（ガーナやコートジボアール）・コーヒー豆（エチオピア）・茶（ケニア）など

📖 **参　考** **アフリカの民族・言語・宗教**

アフリカは、北アフリカと中南アフリカで大きく特徴が分かれている

北アフリカ ➡ 白色人種で、イスラム教信者、アラビア語を公用語とするアラブ諸国が多い

中南アフリカ ➡ 黒色人種が多く、原始宗教などの信者、旧宗主国の言語を使う国が多い

📍 エジプト

　エジプトは豊かなナイル川のデルタに支えられ、古代にエジプト文明を発展させました。ナイル川の河谷とデルタ地帯を除く大部分が砂漠で、カイロ郊外のギザにはクフ王などの三大ピラミッドがあります。また、ナイル川の河口の東には、紅海と地中海を結ぶスエズ運河があります。ナイル川流域では、ナツメヤシ・小麦・米・綿花などの栽培を行っています。OPEC に加盟する産油国のひとつでもあり、原油の輸出国です。

📍 南アフリカ共和国

　アフリカ大陸最南端に位置する国です。金・ダイヤモンド・プラチナなどの鉱物資源に恵まれており、アフリカ最大の工業国です。人種差別の政策であるアパルトヘイトがありましたが、1991 年に廃止されました。その後、民主化による経済発展が注目されており、新興国群の BRICS の一員となっています。

📍 ナイジェリア

　アフリカの国々のなかで人口第１位の国であり、経済大国でもあります。石油資源が豊富で、アフリカ最大の産油国となっています。

📍 エチオピア

　アフリカ連合の本部があります。国土の多くは高原であり、コーヒーの原産地です。

🔍 オセアニアの地図を見てみよう！

　オセアニアはオーストラリア大陸・ニュージーランド・太平洋上の島々からなる地域で、多くの国は南半球に位置しています。下の地図ではオーストラリアとニュージーランド、南極の位置を確認しておきましょう。

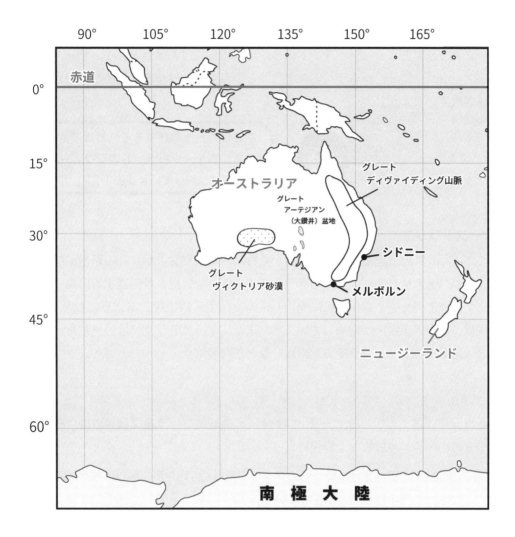

🔍 オセアニアの地形と気候

オセアニアの地形

　オーストラリア大陸のほとんどが安定陸塊です。ニュージーランドは新期造山帯に属し、火山活動が活発な地域となっています。太平洋上の島国は火山島であり、美しいサンゴ礁が見られます。

オセアニアの気候

　オーストラリア大陸のほとんどが乾燥帯です。グレートディヴァイディング山脈より東は降水量が多く温帯となっています。ニュージーランドはヨーロッパとほぼ同緯度に位置しており、ヨーロッパと同様に偏西風が吹く温帯気候となっています。

オセアニアの特色

　オーストラリアとニュージーランドはヨーロッパ系移民の多い国です。オーストラリアのアボリジニやニュージーランドのマオリという文化の異なる先住民を尊重した社会が形成されています。

> マオリの民族舞踊であるハカは迫力があります。ニュージーランドのラグビー選手が試合の前に踊っていますよ！

オーストラリア

　かつてイギリスの支配下にあった影響から、ヨーロッパ文化が社会の基盤になっています。キリスト教徒が多く、公用語は英語です。かつては白人を優遇する白豪主義政策を行っていましたが、1970年代に廃止し、多文化主義政策をとるようになりました。その後は、アジア系住民が増加しています。また、オーストラリアは独立した大陸ならではの生態系をもち、コアラやカンガルーなどが有名です。

経済

　鉱産資源が豊富であり、資源の輸出国です。乾燥地域で行う農業は灌漑によって行われ、小麦の生産や羊の放牧を大規模に行っています。

- ◉ 羊の放牧 ➡ 大鑽井盆地（だいさんせい）は乾燥したステップ気候だが、井戸を掘れば水が出るので、羊の飲料水に活用している
- ◉ 牛の放牧 ➡ オーストラリア北部
- ◉ ボーキサイトと鉄鉱石の生産上位国

ニュージーランド

　ニュージーランドもオーストラリアと同じく、かつてイギリスの支配下にありました。公用語は英語です。農業は酪農が発達しており、チーズやバター、羊肉の生産がさかんとなっています。人間より羊の数のほうが多い国です。

Step ｜ 基礎問題

■ 各問の空欄に当てはまる語句をそれぞれ①〜③のうちから一つずつ選びなさい。

問 1　アフリカ大陸北側にある世界最大の砂漠は（　　　　　）である。
　　　　　① サハラ砂漠　　② ゴビ砂漠　　③ アラビア砂漠

問 2　アフリカで熱帯雨林気候（Af）となっているのは（　　　　　）流域である。
　　　　　① ナイル川　　② コンゴ川　　③ ニジェール川

問 3　南アフリカ共和国の南端の気候は（　　　　　）である。
　　　　　① 地中海性気候　　② 西岸海洋性気候　　③ 温暖湿潤気候

問 4　ナイル川のデルタに支えられて古代文明を発展させた国は（　　　　　）である。
　　　　　① エチオピア　　② スーダン　　③ エジプト

問 5　アフリカ諸国のなかで最大の人口のもつ国は（　　　　　）である。
　　　　　① エジプト　　② アルジェリア　　③ ナイジェリア

問 6　アフリカが抱える問題として不適切なものは（　　　　　）である。
　　　　　① 南南問題　　② 児童労働　　③ 少子高齢化

問 7　アフリカ諸国のなかには、一次産品の輸出に頼る（　　　　　）から抜け出せない国がある。
　　　　　① ブロック経済　　② 計画経済　　③ モノカルチャー経済

問 8　アフリカの熱帯地域で栽培される作物として、不適切なものは（　　　　　）である。
　　　　　① カカオ豆　　② ライ麦　　③ コーヒー豆

問 9　オーストラリアの先住民を（　　　　　）という。
　　　　　① アボリジニ　　② マオリ　　③ イヌイット

問 10　ニュージーランドの先住民は（　　　　　）である。
　　　　　① アボリジニ　　② マオリ　　③ イヌイット

解　答

問1：①　問2：②　問3：①　問4：③　問5：③　問6：③　問7：③
問8：②　問9：①　問10：②

Jump ｜レベルアップ問題

（　）問中（　）問正解

■ 次の問いを読み、問 1 と問 2 に答えよ。

問 1　　ユウシンさんは、アフリカの気候に興味をもち、資料 1 〜資料 3 を得た。資料
1 中のア、イは、それぞれ資料 2 中の A、B のいずれかの地点で撮影された写
真であり、資料 3 中の C、D は、それぞれ資料 1 中のア、イのいずれかの写真
が撮影された地点の雨温図である。資料 1 中のイが撮影された地点とその地点
の雨温図の組合せとして最も適切なものを、あとの①〜④のうちから一つ選べ。

〈高認 H. 27-2〉

資料 1　　ある地点で撮影された写真と説明

ア

雨季と乾季の区別が明瞭な熱帯気候。
疎林と草原が組み合わさった植生が卓越
する。

（National Geographic ホームページによる）

イ

夏は乾燥し，冬は降水が多くなる。ブ
ドウなどの果樹栽培が盛んである。

（KLM Royal Dutch Airlines ホームページによる）

資料2　写真が撮影された地点

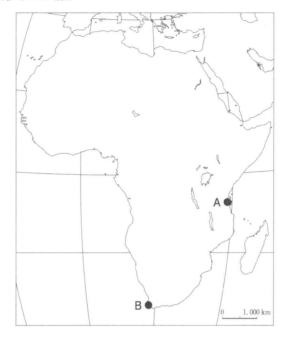

資料3　写真が撮影された地点の雨温図

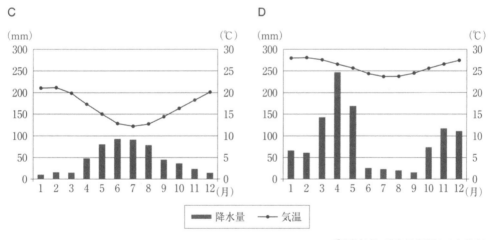

(『理科年表　平成26年版』により作成)

	資料2	資料3
①	A	C
②	A	D
③	B	C
④	B	D

問2　フミオさんは、ニュージーランドの気候について興味をもち、資料4～資料6
を得た。これらの資料を基にした、フミオさんと先生の会話文中の空欄　X
～　Z　に当てはまる語と記号の組合せとして最も適切なものを、あとの①
～④のうちから一つ選べ。〈高認 R. 2-1〉

資料4

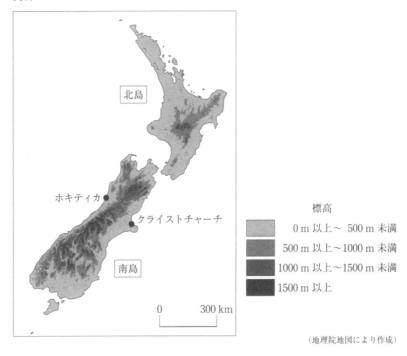

（地理院地図により作成）

資料5　気圧帯と恒常風の模式図

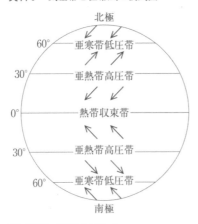

注）矢印は，風向を示している。

資料6　資料4中に示した二つの都市のいずれかの雨温図

ア

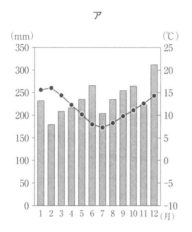

イ

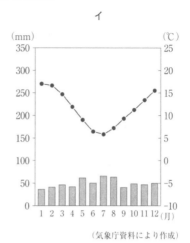

(気象庁資料により作成)

会話文

フミオ：ケッペンの気候区分では、ニュージーランドのほぼ全土が西岸海洋性気候に属
　　　　していることが分かりました。

先　生：そうですね。ニュージーランドが位置する緯度と資料5からも分かるように、
　　　　年間を通して　　X　　が卓越した地域です。このうち、ニュージーランドの南
　　　　島には南北につらなる急峻な山脈があるため、気候が南島の東西で異なります。
　　　　資料6は、南島の東西にある資料4に示した二つの都市の雨温図です。それぞ
　　　　れの雨温図のどちらがどの都市のものか分かりますか。

フミオ：南島の東側は山脈により　　X　　がさえぎられるため、風向きと降水の要因を
　　　　考えると、資料4中のホキティカが資料6の　　Y　　であり、クライストチャー
　　　　チが資料6の　　Z　　だと思います。

先　生：その通りです。このような気候条件の違いは、この地域における農牧業の特色
　　　　の違いにも反映されます。

	X	Y	Z
①	偏西風	ア	イ
②	偏西風	イ	ア
③	貿易風	ア	イ
④	貿易風	イ	ア

解答・解説

問 1：③

　資料 1 のイの説明を見ると、「夏は乾燥し、冬は降水が多くなる」とあります。これは地中海性気候の特徴であるため、イは資料 2 の「B」（南アフリカ共和国のケープタウン）で撮影されたと考えられます。次に、雨温図については、B は南半球にあるため、夏は 12 月〜2 月となります。地中海性気候は夏に雨が少ない特徴がありますので、夏の時期に雨が少ない雨温図を選びます。よって、雨温図は「C」が該当します。したがって、正解は③となります。

問 2：①

　X について、貿易風は低緯度（赤道周辺）地域で常に東から吹く風です。偏西風は中緯度地域（日本やニュージーランドの辺り）で常に西から吹く風です。よって、X には「偏西風」が当てはまります。Y と Z について、資料 5 を見ると、偏西風は北西から南東へ吹くことがわかります。北西から吹いてきた風はニュージーランドの南北を走る山脈にぶつかり、山の西側で雨を降らせ、東側には乾燥した空気をもたらします。資料 4 を見ると、ホキティカは降水量が多い西側に位置しています。よって、雨温図は降水量の多い「ア」となります。同様に、乾燥した東側にはクライストチャーチが位置していますので、雨温図は降水量が少ない「イ」となります。したがって、正解は①となります。

6. 日本の周辺諸国（中国・韓国・ロシア）

中国と韓国は日本との歴史的な関わりが強く、とくに日本は中国からさまざまな文化の影響を受けてきました。大国である中国の経済を支える農業・工業と中国が抱える問題に注目して学習しましょう。

Hop | 重要事項

東アジアの地図を見てみよう！

　東アジアには、日本と歴史的関係が深い中国や韓国、台湾などがあります。各国の位置、黄河と長江の位置を確認しておきましょう。

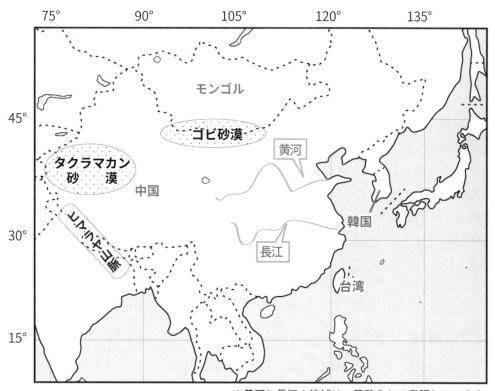

※黄河と長江の流域は、簡略化して表記しています。

🔔 東アジアの地形と気候

東アジアの地形

　中国や韓国が位置するユーラシア大陸東部は西高東低の地形となっており、平坦な東部に人口が集中しています。日本や台湾は新期造山帯に属し、地震が多い地域となっています。中国の内陸には砂漠があり、風に乗った黄砂は日本まで飛来します。

東アジアの気候

　日本と同じく温帯の地域が多くなっていますが、日本の関東地方より緯度が高い地域は冷帯となり、冬は寒さが厳しくなります。モンゴルなどの内陸は乾燥帯であり、砂漠のほか、ステップ気候に見られる広大な草原が広がっています。

🔔 中国

　人口はインドに次ぐ世界第 2 位です。黄河文明の発祥地で、古代から日本を含むさまざまな国に影響を与えてきました。また、広い国土をもち、それぞれの地域で食文化を発達させてきました。経済成長も著しく、GDP はアメリカに次ぐ世界第 2 位です。

民族

　中国の人口の約 9 割を占めるのが漢民族です。残り 1 割は少数民族であり、**55 の少数民族**が暮らしています（ウイグル族・モンゴル族・チョワン族など）。民族規模が大きい民族を中心に、5 つの自治区が設けられています。また、1979 年に一人っ子政策がはじめられましたが、急激な高齢化などが問題になってきたため、2016 年に廃止されました。

□ 漢族・その他の少数民族
▥ モンゴル族
▨ ウイグル族
▩ チベット族
□ チョワン族
■ ホイ族
■ ミャオ族
○ マン族

🏷 **関 連 用 語**

◉ 一国二制度 …… 1 つの国のなかに、社会主義体制と資本主義体制が共存する制度。香港は長年にわたりイギリスの資本主義体制下で発展してきたが、1997 年に中国に返還された。中国は今後 50 年間は香港の現在の制度を保証すると約束している。ほかにも一国二制度が実施されている都市として、かつてのポルトガル植民地で 1999 年に返還されたマカオがある

経済

1949 年に社会主義国家として中華人民共和国が成立しましたが、1970 年代末から改革・開放政策により市場経済化を進めるようになりました。沿海地域に経済特区を設けることで、積極的に外国企業を誘致し、めざましい経済成長を遂げました。

中国は、多くの人口と安価な労働力を背景に、圧倒的な国際競争力をもっています。また、新興国 BRICS の一員でもあり、家電や自動車などの輸出もさかんです。

> 📖 **参 考** 多くの外国企業が集まる上海
> 上海は 1978 年の改革・開放政策により、外国資本が流入してめざましい発展を遂げた。中国最大の商業・金融・工業都市であり、なかでもプートン（浦東）地区にはハイテク産業などの外国企業が集まり、中国経済における発展の象徴的存在になっている

農業

年間降水量 1,000mm のラインを境として、北は畑作、南は稲作が行われています。中国は国土が広く、降水量や気温に合わせた農業が行われています。

- ◉ 東北（高緯度 ➡ 寒冷で雨が少ない）…… 小麦・雑穀・大豆など
- ◉ 華北（黄河下流域。気温が低く、雨が少ない）…… 小麦や綿花など
- ◉ 華中（長江下流域。温暖で雨が多い）…… 稲作など
- ◉ 華南（中国の南地域。高温で雨が多い）…… 米やサトウキビなど

年降水量 1,000mm のライン

中国は大きい国で人口も多いため、生産額の数字がとても大きくなります。小麦や米の生産量と、豚や羊の頭数は世界でも上位となります。世界の豚の半分は中国にいるとも言われているんですよ！

対外関係

日本との間では尖閣諸島（中国名：釣魚島）をめぐる領土問題を抱えています。また、台湾は「一つの中国」の原則のもと、1971 年に中国の一部とされました。しかし、中国と台湾双方の主張には隔たりがあり、実態として台湾はひとつの国として機能しています。

韓国

　K-POP や韓流ドラマなど、近年日本では韓国のさまざまな文化が流行しています。民族固有の文字として**ハングル**を用い、伝統的衣装としてはチマやチョゴリといった韓服があり、韓国料理には欠かせないキムチなどの伝統文化があります。近年は合計特殊出生率の低下により、日本を上回るペースで少子高齢化が進行しています。

「こんにちは」をハングルで書くと、
「안녕하세요」です！

文化

　韓国の緯度は日本の静岡県から宮城県と同じくらい（34 度〜 38 度）ですが、冬は大陸からの季節風の影響を受けるため寒冷となります。よって、韓国では厳しい寒さを乗り越えるための生活の工夫が見られます。

- ◉ オンドル …… 薪や練炭などをかまどで燃やし、発生した煙などの熱を床下に通して暖房として使用する設備。現在は給湯機の温水を床下に通す設備が多い
- ◉ キムチ …… 冬の野菜不足を補うため、寒さが本格化する前にキムチを漬ける文化がある

工業

　かつては農業人口が多い国でしたが、1960 年代後半から重工業化が急速に進展しました。この経済発展は「漢江の奇跡」と呼ばれ、韓国はアジア NIES の一員となりました。

- ◉ 主要産業 ➡ IT・造船・鉄鋼・自動車など
- ◉ 輸出依存度が高く、韓国は世界の景気の影響を受けやすい

日本と韓国の関係

　日本との領土問題として竹島（韓国名：独島）領有問題の存在などもあり、日本文化に対する規制もありましたが、1990 年代には緩和されました。また、韓流ブームなどの影響もあり、政治・経済・文化などあらゆる分野で緊密な関係になっています。

ロシアの地図を見てみよう！

ロシアはアジアからヨーロッパにまたがる世界最大の面積をもっています。日本に近いロシア東部は極東ロシアと呼ばれます。首都のモスクワはヨーロッパに近い西に位置しています。

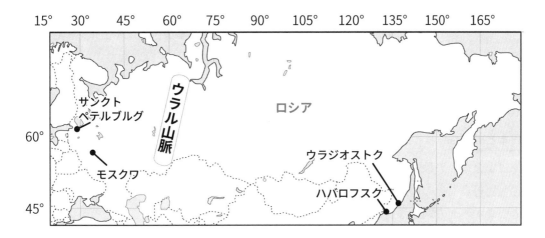

ロシア

ロシアは資源大国であり、原油や天然ガスの輸出国です。世界遺産として、モスクワのクレムリンや赤の広場などがあります。バレエやアイススケート、ヴァイオリンなどの教育水準が高いことでも有名です。一方で多民族国家であり、国内においても周辺諸国との間においても民族問題を抱えています。

ロシアの地形と気候

ロシアの地形

ロシアの多くは安定陸塊で、日本列島北部に位置するカムチャッカ半島は新期造山帯に属します。ロシアの多くの川は凍結しており、夏になると溶けるため、川下の地域では洪水被害が起こることがあります。

ロシアの気候

ロシアの広範囲が冷帯に属しており、冬は寒さが厳しくなります。一方で、極東ロシアは夏には20度を超えるため、気温の年較差は大きくなっています。

- 南部のステップ気候より北のほとんどは冷帯湿潤気候
- タイガ（冷帯針葉樹林）が広がっている
- 北部はツンドラ気候が広がり、トナカイの遊牧が行われている
- ウラル山脈以東のシベリアは永久凍土が広がる ➡ 高床の建物が多い

177

経済

　ロシアは冷涼な気候に強い作物を育てており、小麦の輸出国となっています。ロシアの経済は社会主義体制のもと、国による管理が行われていましたが、行き詰まりにより市場経済に転換しています。主に資源の開発や輸出がロシアの経済を支えています。

- ◉ 農業……小麦、寒さに強い大麦やジャガイモなど
  ロシア南部は広大な平原で、肥沃な土壌である黒色土（チェルノーゼム）が広がり、世界最大の小麦地帯となっている
- ◉ 工業……資源が豊富で、石油や天然ガスなどの輸出上位国

日本との関係

　日本とロシアは、北方領土（択捉島・国後島・歯舞諸島・色丹島とその周辺地域）について、領土問題を抱えています。北方領土は日本の領土にあたるとして、日本政府はロシアに返還を求めています。

北方領土における日本とロシアの国境

ロシア語で「こんにちは」は「Здравствуйте」です。
この文字はキリル文字といいます。

Step | 基礎問題

■ **各問の空欄に当てはまる語句をそれぞれ①～③のうちから一つずつ選びなさい。**

問1　東アジアで最も人口が多く、かつて一人っ子政策を行っていた国は（　　　　）である。
　　　　① 中国　　② インド　　③ アメリカ

問2　年間降水量 1,000mm 線を境として南では（　　　　）が行われている。
　　　　① 牧畜　　② 畑作　　③ 稲作

問3　中国の 90% 以上を占める民族は（　　　　）である。
　　　　① チベット民族　　② モンゴル民族　　③ 漢民族

問4　モンゴルは内陸に位置しているため、気候は（　　　　）となっている。
　　　　① 乾燥帯　　② 温帯　　③ 寒帯

問5　中国の香港やマカオのように、1つの国のなかに社会主義体制と資本主義体制が共存する制度を（　　　　）という。
　　　　① 社会主義制度　　② 一国二制度　　③ 人民公社制度

問6　韓国で薪や練炭などをかまどで燃やし、発生した煙などの熱を床下に通し暖房として使用する設備を（　　　　）という。
　　　　① 囲炉裏　　② オンドル　　③ 暖炉

問7　韓国で使用される文字は（　　　　）である。
　　　　① キリル文字　　② 甲骨文字　　③ ハングル

🔍 **解　答**

問1：①　問2：③　問3：③　問4：①　問5：②　問6：②　問7：③

問8　ロシアは冷涼な気候に合わせた農業を行っており、（　　　　）の輸出国である。

　　　　① 米　　② 小麦　　③ トウモロコシ

問9　ロシアで使用されている文字は（　　　　）である。

　　　　① キリル文字　　② 甲骨文字　　③ ハングル

問10　ロシアは資源が豊富であり、（　　　　）の輸出が経済を支えている。

　　　　① 石炭や鉄鉱石　　② 石油や天然ガス　　③ ボーキサイトやアルミニウム

解 答

問8：②　問9：①　問10：②

Jump | レベルアップ問題

■ 次の問いを読み、問1と問2に答えよ。

問1　　スズノさんは、中華人民共和国の自然環境について興味をもち、資料1と資料2を得た。あとの①～④は、資料1中のA～Dのいずれかの地域の写真とその説明である。これらの資料を基に、資料1中のAで撮影された写真とその説明の組合せとして最も適切なものを、あとの①～④のうちから一つ選べ。

〈高認 R. 1-1〉

資料1　中華人民共和国周辺の地形

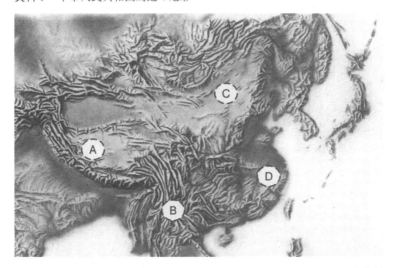

（http://www.shadedreliefarchive.com/china.html により作成）

資料2　中華人民共和国の1月の平均気温と年降水量

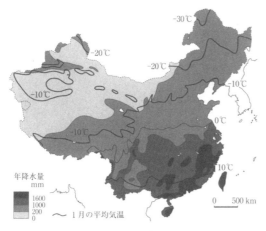

年降水量
mm
1600
1000
200
0
～ 1月の平均気温

0　　500 km

（『中国地理図集』により作成）

181

①  広大な草原で，乾燥した気候に耐えうる羊が放牧され，その毛を衣服や住居に活用しています。

②  標高が低く，降水量が多いため水田が広がり，米が栽培されています。

③  降水量が多い山の斜面を利用して，茶が栽培されています。緑茶やウーロン茶などの原料となります。

④  標高が高く降水量の少ない厳しい環境に耐えうるヤクが飼育され，荷物の運搬などに使われています。

(http://www.china.org.cn/english/features/china/238525.htm などによる)

問2　　ユウナさんたちの班では、大韓民国における生活文化をテーマに調査を行い、資料3〜資料6を得た。これらの資料を読み取ったメモとして**不適切なもの**を、あとの①〜④のうちから一つ選べ。〈高認 H. 28-2〉

資料3　大韓民国における宗教別の人口割合(2010年)について

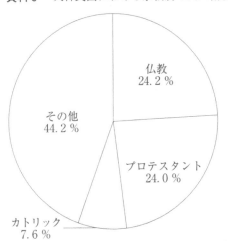

ユウナさんのメモ

大韓民国において，仏教とキリスト教を信仰する人の数を合計すると，人口の半数以上を占める。

資料4　大韓民国と近隣諸国における高等教育へ就学する人の割合(2012年)について

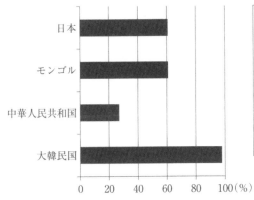

ヒトミさんのメモ

大韓民国の高等教育機関への進学率は，4か国の中で最も高く，90％を超えている。

注)・高等教育へ就学する人の割合とは，大学等の高等教育機関へ実際に就学している人の総数を，18〜22歳の人口数で割ったものである。
　　・中華人民共和国には台湾，香港及びマカオを含まない。

(『世界国勢図会 2014/15』により作成)

183

資料5　大韓民国の伝統的住宅に使用されるオンドルの模式図について

ワタルさんのメモ

　床下の空間にかまどの煙を通して外に出す仕組みを設けることによって，床下から部屋を暖めるような構造となっている。

資料6　大韓民国の首都であるソウル市街の様子について

カンタさんのメモ

　大韓民国では，独自の表音文字であるハングルが使用されているが，日常生活においては，一般的に漢字による表記が用いられている。

(http://utsumimidori.cocolog-nifty.com/blog/cat7590686/ などにより作成)

① ユウナさんのメモ　　② ヒトミさんのメモ
③ ワタルさんのメモ　　④ カンタさんのメモ

解答・解説

問1：④

　資料1から標高と地形を、資料2から降水量と気温を見て、説明に合うものを考えましょう。資料1を見ると、「Ａ」の地域は山岳地帯に位置することがわかります。また、資料2を見ると、降水量が少ない地域であることがわかります。①の写真の説明を見ると、「広大な草原」とあります。「Ａ」の地域は山岳地帯であるため、①は誤りです。②と③の写真の説明を見ると、「降水量が多い」とあります。「Ａ」の地域は降水量が少ないため、②と③は誤りです。④の写真の説明を見ると、「降水量が少ない」ことと「ヤク」の飼育について書かれています。ヤクは山岳地帯に生息する毛長牛で、山での荷役を担っています。したがって、正解は④となります。なお、「Ｂ」の地域に該当する写真は③、「Ｃ」の地域に該当する写真は①、「Ｄ」の地域に該当する写真は②となります。

問2：④

　不適切なものを選びます。資料6の写真の左上に写っている看板を見ると、ハングルが使われています。漢字は使われていませんので、カンタさんのメモにある内容は不適切です。したがって、正解は④となります。

高卒認定ワークブック　新課程対応版
地理

2023 年 12 月 26 日　初版　　　第 1 刷発行
2024 年　3 月 28 日　　　　　　第 2 刷発行

編　集：J-出版編集部
制　作：J-出版編集部
発　行：J-出版
　　　　〒112-0002 東京都文京区小石川 2-3-4 第一川田ビル　TEL 03-5800-0552
　　　　J-出版.Net　http://www.j-publish.net/